BULLETIN

DE LA

SOCIÉTÉ NATIONALE

DES ANTIQUAIRES

DE FRANCE

NOGENT-LE-ROTROU, IMPRIMERIE DE A. GOUVERNEUR.

Découvrez l'histoire par les archives de presse

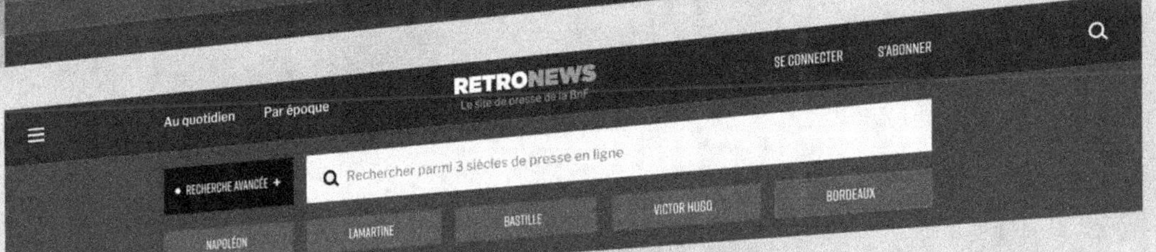

BULLETIN

DE LA

SOCIÉTÉ NATIONALE

DES ANTIQUAIRES

DE FRANCE

1872

PARIS

AU SECRÉTARIAT DE LA SOCIÉTÉ

AU PALAIS DU LOUVRE

ET CHEZ

DUMOULIN, LIBRAIRE DE LA SOCIÉTÉ

QUAI DES AUGUSTINS, 13

BULLETIN

DE LA
SOCIÉTÉ NATIONALE
DES ANTIQUAIRES
DE FRANCE

BUREAU DE LA SOCIÉTÉ

POUR L'ANNÉE 1872.

MM. E. Boutaric,	Président.
L. Delisle,	Premier Vice-Président.
Ch. Robert,	Deuxième Vice-Président.
Wescher,	Secrétaire.
Perrot,	Secrétaire-Adjoint.
E. Aubert,	Trésorier.
Pol Nicard,	Bibliothécaire-Archiviste.

Membres de la Commission des Impressions.

MM. A. de Barthélemy.
J. Marion.
Michelant.

Membres de la Commission des Fonds.

MM. De la Villegille.
De Guilhermy.
Cocheris.

LISTE

DES MEMBRES HONORAIRES

Au 1er Avril 1872.

———

MM.

1. Guizot (F.) G. C. ✳, membre de l'Institut (Académies
française, des inscriptions et belles-lettres et des sciences
morales et politiques), rue Billaut, 10 (1828).

2. Martonne (G. M. de) ✳, ancien magistrat, rue Oudinot,
16, et à la Vallée-Guyon, près Vendôme (1853).

3. Breton (Ernest) ✳, rue de Maubeuge, 6 (1838-1854).

4. Nieuwerkerke (le comte de) G. O. ✳, membre de l'Institut (Académie des beaux-arts) (1854).

5. Maury (Alfred) O. ✳, membre de l'Institut (Académie
des inscriptions et belles-lettres), directeur général des
Archives nationales, professeur au Collége de France, au
palais des Archives, rue des Francs-Bourgeois (1842-
1858).

6. Bataillard (Charles), avocat à la Cour d'appel de Paris,
rue Neuve-des-Petits-Champs, 65 (1842-1859).

7. Saussaye (Louis de la) C. ✳, membre de l'Institut (Académie des inscriptions et belles-lettres), membre du
Comité des travaux historiques et des sociétés savantes,
recteur de l'Académie de Lyon, rue de l'Université, 34
(9 mars 1843).

8. . . . .

9. . . . .

10. . . . .

LISTE

DES MEMBRES RÉSIDANTS

Au 1ᵉʳ Avril 1872.

———

MM.

1. Villegille (Arthur Nouail de la) ✸, secrétaire du comité des travaux historiques et des sociétés savantes, rue de Beaune, 7 (29 novembre 1836).

2. Longpérier (Adrien Prévost de) O. ✸, membre de l'Institut (Académie des inscriptions et belles-lettres), rue de Londres, 50 (9 avril 1838).

3. Lacabane (Léon) O. ✸, ancien directeur de l'École des chartes, avenue des Ternes, 81 (9 juin 1841).

4. Marion (Jules) ✸, membre de la commission des archives près le ministère de l'intérieur et du comité des travaux historiques et des sociétés savantes, place de la Madeleine, 17 (9 février 1843).

5. Quicherat (Jules) ✸, directeur de l'École des chartes, membre du Comité des travaux historiques et des sociétés savantes et de la Commission des monuments historiques, rue Casimir-Delavigne, 9 (9 mai 1845).

6. Renier (Léon) C. ✸, membre de l'Institut (Académie des inscriptions et belles-lettres), vice-président du Comité des travaux historiques et des sociétés savantes (section d'archéologie), administrateur de la Bibliothèque de l'Université, professeur au Collège de France, à la Sorbonne (9 mai 1845).

MM.

7. Villot (Frédéric) O. ✳, secrétaire-général des Musées nationaux, rue de la Ferme-des-Mathurins, 26 (10 décembre 1849).

8. Kœnigswarter (Louis) ✳, docteur en droit, correspondant de l'Institut (Académie des sciences morales et politiques), rue de Marignan, 11 (10 décembre 1849).

9. Montaiglon (Anatole de Courde de) ✳, professeur à l'École des chartes, membre du Comité des travaux historiques et des sociétés savantes, place Royale, 9 (10 février 1851).

10. Rougé (le vicomte Emmanuel de) C. ✳, membre de l'Institut (Académie des inscriptions et belles-lettres), professeur au Collége de France), conservateur honoraire des antiquités égyptiennes du Musée du Louvre, rue de Babylone, 53 (10 mars 1851).

11. Brunet de Presle (Wladimir) ✳, membre de l'Institut (Académie des inscriptions et belles-lettres), professeur de grec moderne à l'École des langues orientales vivantes, rue des Saints-Pères, 71 (9 avril 1851).

12. Lasteyrie (le comte Ferdinand de), membre libre de l'Institut (Académie des inscriptions et belles-lettres), quai Voltaire, 11 (9 avril 1851).

13. Bordier (Henri), bibliothécaire honoraire au département des manuscrits de la Bibliothèque nationale, 182, rue de Rivoli (9 avril 1851).

14. Renan (Ernest) ✳, membre de l'Institut (Académie des inscriptions et belles-lettres), bibliothécaire honoraire au département des manuscrits de la bibliothèque nationale, professeur au Collége de France, rue Vanneau, 29 (9 avril 1851).

15. Nigard (Pol), rue de Sèvres, 38 (9 mai 1851).

16. Saulcy (Félicien Caignart de) C. ✳, membre de l'Institut (Académie des inscriptions et belles-lettres), rue du faubourg Saint-Honoré, 54 (6 juin 1851).

MM.

17. Michellant (Henry-Victor) ✳, membre du Comité des
travaux historiques et des sociétés savantes, et de la
commission du catalogue des manuscrits des départements, conservateur-sous-directeur-adjoint du département des manuscrits de la Bibliothèque nationale, avenue Trudaine, 11 (19 décembre 1853).

18. Waddington (William-Henri), membre de l'Institut (Académie des inscriptions et belles-lettres), membre de
l'Assemblée nationale, rue Boissy-d'Anglas, 8 (19 décembre 1853).

19. Cocheris (Hippolyte) ✳, bibliothécaire à la Bibliothèque
Mazarine, membre du comité des travaux historiques et
des sociétés savantes, secrétaire de la commission du
catalogue des manuscrits des départements, au palais
de l'Institut (8 novembre 1854).

20. Delisle (Léopold) ✳, membre de l'Institut (Académie
des inscriptions et belles-lettres), membre du comité
des travaux historiques et des sociétés savantes, président de la commission du catalogue des manuscrits des
départements, conservateur-sous-directeur du département des manuscrits de la Bibliothèque nationale, rue
d'Hauteville, 13 (9 juillet 1855).

21. Mariette (Auguste) C. ✳, conservateur honoraire des
antiquités égyptiennes du Musée du Louvre, directeur
du Musée des monuments historiques de l'Égypte, au
Louvre (9 janvier 1856).

22. Deloche (Jules-Edmond-Maximin) ✳, membre de l'Institut (Académie des Inscriptions et Belles-Lettres), rue de
l'Université, 34 (16 avril 1856).

23. Egger (Émile) O. ✳, membre de l'Institut (Académie
des inscriptions et belles-lettres), professeur à la
Faculté des lettres de Paris, maître de conférences
honoraire à l'École normale, rue de Madame, 48 (5 mai
1858).

MM.

24. Le Blant (Edmond) ✳, membre de l'Institut (Académie des inscriptions et belles-lettres), rue Leroux, 3 (1859).

25. Creuly (Casimir) C. ✳, général de brigade dans le cadre de réserve, membre de la commission de la topographie des Gaules, rue d'Amsterdam, 51 (16 novembre 1859).

26. Boutaric (Edgard) ✳, professeur à l'École des chartes, sous-chef de section aux Archives nationales, membre du Comité des travaux historiques et des sociétés savantes, rue des Hauts-Closeaux, 12, à Sèvres (4 janvier 1860).

27. Vogüé (le comte Melchior de), membre libre de l'Institut (Académie des inscriptions et belles-lettres), membre de l'Assemblée nationale, ambassadeur de France à Constantinople, rue Fabert, 2 (4 juillet 1860).

28. Barthélemy (Anatole de) ✳, membre du Comité des travaux historiques et des sociétés savantes, et de la Commission de la topographie des Gaules, rue d'Anjou-Saint-Honoré, 9 (10 avril 1861).

29. Passy (Louis), docteur en droit, membre de l'Assemblée nationale, rue de Clichy, 45 (7 août 1871).

30. Bertrand (Alexandre) ✳, conservateur du Musée de Saint-Germain-en-Laye, membre de la Commission de la topographie des Gaules, rue de la Pépinière, 22 (7 août 1861).

31. Chabouillet (P. M. Anatole) O. ✳, conservateur-sous-directeur du département des médailles et antiques à la Bibliothèque nationale, secrétaire de la section d'archéologie du Comité des travaux historiques et des sociétés savantes, rue La Bruyère, 58 (4 novembre 1861).

32. Rey (A. E. G.) ✳, rue Billaut, 35 (5 février 1862).

33. Gulrin (Victor) ✳, docteur ès-lettres, rue de Vaugirard, 40 (3 décembre 1862).

MM.

34. Riant (le comte Paul), rue de Vienne, 2 (2 mai 1866).

35. Guilhermy (le baron de) ✳, conseiller à la Cour des Comptes, membre du Comité des sociétés savantes et de la Commission des travaux historiques et des monuments historiques, rue d'Alger, 6 (4 juillet 1866).

36. Read (Charles) ✳, boulevard Saint-Germain, 2 (6 mars 1867).

37. Heuzey (Léon) ✳, professeur à l'École des beaux-arts, conservateur-adjoint des antiques au Musée du Louvre, rue Malesherbes, 16 (1er mai 1867).

38. Aubert (Édouard), rue d'Anjou-Saint-Honoré, 9 (3 juillet 1867).

39. Mabille (Émile), employé au département des manuscrits de la Bibliothèque nationale, rue Saint-Louis-en-l'Ile, 64 (8 janvier 1868).

40. Perrot (G.) ✳, maître de conférences à l'École normale, 52, rue d'Hauteville (8 janvier 1868).

41. Wescher (C.) ✳, employé au département des manuscrits de la Bibliothèque nationale, 12, rue de la Barouillère (3 juin 1868).

42. Robert (Charles) C. ✳, membre libre de l'Institut (Académie des inscriptions et belles-lettres), intendant général inspecteur, rue des Saints-Pères, 9 (3 mars 1869).

43. Prost (Auguste), rue de la Banque, 21 (8 novembre 1871).

44. Duplessis (Georges), bibliothécaire au département des estampes à la Bibliothèque nationale, rue Bonaparte, 47 (6 décembre 1871).

45. Dumon (Albert), docteur ès-lettres, rue Jacob, 54 (6 décembre 1871).

LISTE

DES ASSOCIÉS CORRESPONDANTS

NATIONAUX ET ÉTRANGERS.

Associés correspondants nationaux[1].

Ain.

MM.

Martigny (l'abbé) ✻, chanoine de Belley, à Belley (20 mars 1861).

Guigue (M. C.), percepteur à Vonnas (5 février 1868).

Aisne.

Pecheur (l'abbé), à Fontenoy, près Soissons (4 mars 1857).

Fleury (Édouard) ✻, à Laon (3 juin 1863).

Allier.

Chazaud, archiviste du département, à Moulins (4 mars 1863).

Alpes (Basses).

Arbaud (Damase), à Manosque (7 août 1867).

---

1. Le Comité de publication croit devoir rappeler qu'aux termes de l'art. 2 du Réglement, la qualification d'*Associe correspondant national* ou *étranger* est la seule qui puisse être prise par les personnes dont les noms suivent. La qualification de *Memlre de la Société des Antiquaires* de France est réservée aux 45 associés résidants et aux 10 associés honoraires.

Ardennes.

MM.

Thilloy (Jules), conseiller à la Cour d'appel, à Charleville (7 mai 1866).

Aube.

Arbois de Jubainville (d') ✸, correspondant de l'Institut (Académie des inscriptions et belles-lettres), membre non-résidant du Comité des sociétés savantes, archiviste du département, à Troyes (12 janvier 1859).

Le Brun Dalbanne, à Troyes (5 avril 1865).

Coffinet (l'abbé) ✸, chanoine de la cathédrale à Troyes, rue Girardon, 7 (7 juin 1865).

Boutiot (Théophile), à Troyes (6 juin 1867).

Pigeotte (L.), à Troyes (7 février 1872).

Bouches-du-Rhône.

Rouard (E.) ✸, conservateur de la Bibliothèque de la ville, à Aix (9 novembre 1834).

Parrocel (E.), à Marseille (7 avril 1868).

Penon (Jacques), directeur du Musée Borely, à Marseille (3 novembre 1869).

Tiran (Melchior) ✸, consul en retraite, à Marseille, rue Nau, 28 (29 décembre 1845).

Calvados.

Caumont (A. de) O. ✸, correspondant de l'Institut (Académie des inscriptions et belles-lettres), membre non résidant du Comité des travaux historiques et des sociétés savantes, à Caen (9 mars 1826).

Chatel (Eugène), archiviste du département, secrétaire de la Société des Antiquaires de Normandie, membre de l'Académie de Caen, à Caen (4 février 1863).

MM.

Du Fresne de Beaucourt (G.), au château de Morainville,
par Blangy (1er mars 1865).

Charente-Inférieure.

Delayant, conservateur de la Bibliothèque publique, à la
Rochelle (4 janvier 1865).

Côte-d'Or.

Lapérouse (Gustave) ✳, membre du conseil général de la
Côte-d'Or, à Prusly-sur-Ourse (3 juin 1863).

Baudot (Henri), président de la Commission des Antiquités
de la Côte-d'Or, à Dijon (5 octobre 1864).

Arbaumont (Jules d'), à Dijon (15 novembre 1865).

Beaune (H.), substitut du procureur général, à Dijon (15 novembre 1865).

Aubertin (Charles), correspondant du ministère de l'instruction publique, à Beaune (10 janvier 1866).

Garnier (Joseph) ✳, conservateur des archives du département de la Côte-d'Or, à Dijon (11 avril 1866).

Beauvois, à Corberon (28 juin 1871).

Côtes-du-Nord.

Gaultier du Mottay (Joachim), à Plérin (7 janvier 1863).

Lemière (P. L.), à Saint-Brieuc (16 décembre 1865).

Creuse.

Dugenest, à Guéret (9 décembre 1837).

Fillioux (A.), conservateur du Musée, à Guéret (14 mars
1866).

Gaucheraud (Hippolyte), à la Souterraine (12 juin 1867).

Duval (Louis), archiviste du département, à Guéret (18 février 1868).

Cessac (P. de), à Guéret (2 décembre 1868).

Drôme.

MM.

Chevalier (l'abbé U.), à Romans (3 février 1869).

Eure.

Bordeaux (Raymond), avocat, à Évreux (4 juillet 1860).

Lebeurier (l'abbé), archiviste du département, à Évreux (4 juin 1862).

Finistère.

Levot (P.), conservateur de la Bibliothèque du port, à Brest (1er février 1865).

Le Men, archiviste du département, à Quimper (2 mars 1870).

Gard.

Aurès O. ✳, ingénieur en chef des ponts et chaussées, à Nîmes (11 janvier 1865).

Flouest (Ed.) ✳, procureur de la République à Nîmes (3 novembre 1869).

Garonne (Haute).

Barry (C. E. A. Edward), professeur à la Faculté des lettres, à Toulouse (7 juin 1865).

Roschach (Ernest), archiviste de la ville, à Toulouse, rue Héliot, 11 (16 janvier 1867).

Labatut (Edm.), à Toulouse (1er juillet 1868).

Gironde.

Brunet (Gustave), à Bordeaux (8 mai 1852).

Drouyn (Léo), à Bordeaux, rue Desfourniel, 30 (2 décembre 1859).

Hérault.

Ricard (Adolphe), secrétaire de la Société archéologique, à Montpellier (9 octobre 1852).

MM.

Azaïs (Gabriel), secrétaire de la Société d'archéologie, à
Béziers (4 mars 1863).

Ille-et-Vilaine.

André ✲, conseiller à la Cour d'appel, à Rennes, quai St-
Yves, 14 (30 septembre 1829).

Ropartz (Sigismond), avocat, à Rennes (5 mars 1862).

Michel (le ch^er Emmanuel) ✲, ancien conseiller à la Cour
d'appel de Metz, à Rennes, boulevart Sévigné, 32 (19 mai
1846).

Morin (E.) professeur à la Faculté des lettres, à Rennes (5
février 1868).

Isère.

Pilot, archiviste du département, à Grenoble (30 novembre
1846).

Gariel, conservateur de la Bibliothèque, à Grenoble (4 juillet
1866).

Landes.

Tartière (Henri), archiviste du département, à Mont-de-
Marsan (7 février 1872).

Loire.

Chaverondier (Auguste), archiviste du département, à Saint-
Etienne (6 juin 1866).

Gras (Pierre), archiviste de la Diana, à Montbrison (18 mars
1868).

Loire (Haute).

Aymard, archiviste du département, conservateur du Musée,
au Puy (9 novembre 1848).

Chassaing (Augustin), juge au tribunal de première instance,
au Puy (21 février 1872).

Loire-Inférieure.

MM.

Girardot (le baron de) O. ✻, membre non résidant du Comité des travaux historiques et des sociétés savantes, rue Haute du Château, 4, à Nantes (9 avril 1847)

Galles (René), sous-intendant militaire de 1re classe, à Nantes (4 avril 1864).

Nicollière (S. de la), à Nantes (2 juin 1869).

Loiret.

Mantellier ✻, président à la Cour d'appel, correspondant de l'Institut (Académie des inscriptions et belles-lettres), à Orléans (10 février 1845).

Pibrac (Germain-Philippe-Anatole Du Faur, comte de), ancien élève de l'École polytechnique, de la société des sciences et de la Société archéologique de l'Orléanais, à Saint-Ay (15 mai 1865).

Boucher de Molandon, à Orléans (2 décembre 1868).

Loiseleur (Jules), bibliothécaire de la ville, à Orléans (16 février 1870).

Loir-et-Cher.

Du Plessis (G.), à Blois (9 avril 1840).

Rochambeau (le comte Achille de), au château de Rochambeau, commune de Thoré (6 novembre 1867).

Lot-et-Garonne.

Barrère (l'abbé), à Agen (9 janvier 1851).

Magne, à Agen (1er février 1865).

Maine-et-Loire.

Godard-Faultrier, à Angers (11 avril 1866).

Marne.

Duquenelle, à Reims (9 janvier 1856).

MM.

Savy ✽, agent-voyer en chef du département de la Marne, à
Châlons-sur-Marne (6 juillet 1864).

Loriquet, conservateur de la Bibliothèque publique et du
Musée, à Reims (6 juillet 1864).

Givelet (Charles), membre de l'Académie de Reims, à Reims
(9 janvier 1867).

Marne (Haute).

Pistollet de Saint - Ferjeux (Th.), à Langres (10 avril
1837).

Meurthe-et-Moselle.

Mardigny (Paul de) ✽, ingénieur en chef des ponts et chaussées, à Briey (4 août 1858).

Morlet (Ch. Gabriel de) O. ✽, colonel de génie en retraite,
à Nancy, rue du Manége, 13 (6 juin 1860).

Mougenot (Léon), à Nancy, rue Saint-Dizier (10 juin 1861).

Puymaigre (le comte de), au château d'Inglange, par Met-
zerwisse, et à Briey (4 juin 1862).

Chabert (F.), à Briey (5 novembre 1862).

Abel (Charles), avocat, à Briey (4 février 1863).

Bouteiller (Ernest de), ancien capitaine d'artillerie, à Briey
(2 février 1864).

Rouyer (Jules), à Nancy (2 mars 1864).

Durand de Distroff (Anatole), avocat, à Briey (5 avril 1865).

Cournault (Ch.), conservateur du Musée Lorrain à Nancy
(9 février 1870).

Meuse.

Dumont ✽, vice-président du tribunal de première instance,
à Saint-Mihiel (20 juillet 1844).

MM.

Widranges (le comte de), à Bar-le-Duc (9 juin 1855).

Buvignier (Charles), avocat à Verdun (4 mars 1863).

Morbihan.

Rosenzweig (Louis), archiviste du département, à Vannes (16 janvier 1867).

Nièvre.

Lespinasse (René Leblanc de), archiviste-paléographe, à Nevers (1er juillet 1868).

Nord.

Coussemaker (Edmond de) ✳, correspondant de l'Institut (Académie des inscriptions et belles-lettres), membre non résidant du Comité des travaux historiques et des sociétés savantes, à Lille (19 mai 1851).

Godefroy-Ménilglaise (le marquis de) ✳, à Lille (9 mai 1855).

Mannier (E.), ancien notaire, à la Bassée (5 juin 1861).

Van Hende (Ed.), à Lille (1er juillet 1866).

Oise.

Colson (le docteur), O. ✳, à Noyon (9 juillet 1852).

Longpérier-Grimoard (Alfred Prévost de), à Longpérier, près Lagny-le-Sec (5 mars 1856).

Peigné-Delacourt ✳, à Ribecourt (16 avril 1856).

Mathon, conservateur du Musée, à Beauvais (7 décembre 1864).

Demarsy (Arthur), conservateur du Musée Vivenel, à Compiègne (12 décembre 1866).

Orne.

MM.

Chennevières - Pointel (le marquis Philippe de) O. ✳, à Bellesme (9 avril 1854).

Jousset (le docteur), à Bellesme (6 janvier 1869).

Pas-de-Calais.

Deschamps de Pas (Louis) ✳, correspondant de l'Institut (Académie des inscriptions et belles-lettres), ingénieur des ponts et chaussées, à Saint-Omer (19 février 1839).

Boulangé (Georges) ✳, ingénieur en chef des ponts et chaussées, à Arras (9 février 1853).

Van Drival (l'abbé), chanoine honoraire, directeur du grand séminaire, à Arras (9 janvier 1854).

Linas (Charles de) ✳, membre non résidant du Comité des travaux historiques et des sociétés savantes, à Arras (2 mars 1859).

Marmin (Charles), conservateur du Musée, à Boulogne-sur-Mer (2 décembre 1863).

Becq de Feuquières, à Ramecourt (3 mars 1869).

Puy-de-Dôme.

Bouillet (J. B.) ✳, à Clermont-Ferrand (19 mars 1836).

Pyrénées (Basses).

Lagrèze (Bascle de) ✳, conseiller à la Cour d'appel, à Pau (9 août 1847).

Raymond (P.), archiviste du département, à Pau (7 décembre 1864).

Rhin (Haut).

Levrault (Louis), à Belfort (9 décembre 1843).

MM.

Chauffour (Ignace), avocat à Belfort (7 juin 1865).

Mossmann, à Belfort (6 février 1867).

Rhône.

Allmer (A.), à Lyon (6 mars 1861).

Soultrait (le comte Georges de) ✻, membre non résidant du Comité des travaux historiques et des sociétés savantes, à Lyon (2 février 1864).

Martin-Daussigny (E. C.), directeur des Musées de la ville de Lyon (20 avril 1864).

Morin-Pons (Henri), à Lyon (4 janvier 1865).

Saône (Haute).

Suchaux (Henri), à Vesoul (6 juin 1866).

Saône-et-Loire.

Chabas (F.) ✻, correspondant de l'Institut (Académie des inscriptions et belles-lettres), à Châlons-sur-Saône (9 juillet 1856).

Bulliot, président de la Société Éduenne, à Autun (6 novembre 1862).

Charmasse (Anatole de), à Autun (14 mars 1866).

Fontenay (Harold de), à Autun (5 janvier 1870).

Fouque (Victor), à Salornay-sur-Guye (9 avril 1853).

Sarthe.

Hucher (E.) ✻, au Mans (18 novembre 1863).

Savoie.

MM.

Despine (le docteur baron Constant), inspecteur des eaux
minérales, à Aix-les-Bains (6 mai 1861).

Seine.

Leguay (Louis), architecte, à la Varenne-Saint-Maur (6 juin
1867).

Seine-Inférieure.

Cochet (l'abbé) ✻, correspondant de l'Institut (Académie des
inscriptions et belles-lettres), membre non résidant du
Comité des travaux historiques et des sociétés savantes,
à Rouen (9 août 1853).

Lépinois (de), conservateur des hypothèques, à Rouen (16
novembre 1859).

Semichon (E.), à Rouen (2 avril 1862).

Belleval (René de), au château de Bois-Robin, par Aumale
4 mars 1864).

Ménant (Joachim), juge, au Hâvre (1er avril 1863).

Beaurepaire (Ch. Robillard de) ✻, archiviste du département,
à Rouen (6 avril 1870).

Seine-et-Marne.

Carro (A.), imprimeur, bibliothécaire de la ville, à Meaux
(12 décembre 1860).

Ponton d'Amécourt (le vicomte de) ✻, à Trilport (21 décembre 1864).

Le Roy (G.), bibliothécaire de la ville, à Melun (4 décembre
1867).

Seine-et-Oise.

Moutié (Auguste), à Rambouillet (9 mars 1849).

MM.

Vᴉɴᴇᴛ (Ernest), à Sannois (5 juin 1861).

Cᴏᴜɢɴʏ (E.), professeur au Lycée, à Versailles (4 janvier 1865).

Mᴀsǫᴜᴇʟғᴢ ✻, bibliothécaire de l'École militaire à Saint-Cyr (1ᵉʳ février 1865).

Sèvres (Deux).

Bᴇᴀᴜᴄʜᴇᴛ-Fɪʟʟᴇᴀᴜ, juge de paix, à Chef-Boutonne (11 mai 1865).

Rᴏɴᴅɪᴇʀ, juge honoraire, à Melle (7 juin 1865).

Somme.

Dᴜsᴇᴠᴇʟ (H.), membre non résidant du Comité des travaux historiques et des sociétés savantes, à Amiens (9 janvier 1831).

Gᴀʀɴɪᴇʀ (Joseph) ✻, secrétaire perpétuel de la Société des Antiquaires de Picardie, conservateur de la Bibliothèque de la ville, à Amiens (9 mai 1851).

Cᴀɢɴʏ (l'abbé Paul ᴅᴇ), rue Lemercier, 36, à Amiens (5 mai 1858).

Cᴏʀʙʟᴇᴛ (l'abbé Jules) ✻, chanoine, historiographe du diocèse, directeur de la revue *l'Art chrétien*, à Amiens (12 mai 1858).

Cᴀᴜᴠᴇʟ ᴅᴇ Bᴇᴀᴜᴠɪʟʟᴇ (Victor), à Montdidier (8 décembre 1853).

Sᴇᴘᴛᴇɴᴠɪʟʟᴇ (le baron ᴅᴇ), au château de Lignières, canton de Poix (1ᵉʳ mars 1865).

Jᴜᴍᴇʟ (l'abbé), à Quevauvillers (5 janvier 1870).

Hᴇɴɴᴇʙᴇʀᴛ ✻, commandant du génie, à Amiens (3 janvier 1872).

Tarn.

MM.

Clausade (Gustave de), avocat à Rabastens (9 juin 1847).

Grellet-Balguerie (Charles), juge à Lavaur (3 juin 1863).

Tarn-et-Garonne.

Marcellin (l'abbé), à Montauban (9 décembre 1843).

Mary Lafon ✳, bibliothécaire à Montauban (9 mars 1853).

Lagréze-Fossat (A.), à Moissac (16 janvier 1867).

Devals, archiviste, à Montauban (1er mai 1867).

Var.

Giraud (l'abbé Magloire), à Saint-Cyr (11 avril 1866).

Vaucluse.

Deloye (Auguste) ✳, conservateur du Musée Calvet, à Avignon (2 mai 1866).

Vendée.

Fillon (Benjamin), à Fontenay (10 décembre 1849).

Baudry (l'abbé), curé au Bernard (2 décembre 1868).

Vienne.

Lecointre-Dupont (G.), à Poitiers (9 janvier 1844).

Auber (l'abbé), chanoine titulaire, historiographe du diocèse, à Poitiers, rue Sainte-Radegonde (9 janvier 1851).

Chéruel (A.) O ✳, recteur de l'Académie à Poitiers (7 août 1867).

Longuemar (Le Touzé de) ✳ à Poitiers (3 février 1869).

Vosges.

Laurent (Jules), conservateur du Musée, à Épinal (6 février 1867).

MM.

Leclerc (Lucien), médecin-major en retraite, à Ville-sur-
Illon (20 novembre 1851).

Yonne.

Salmon (Philippe), à Cerisiers, près Sens (9 mai 1855).
Julliot (G.), à Sens (7 février 1872).

Associés correspondants étrangers.

Angleterre.

Ellis (Sir Henry), ancien directeur du Musée Britannique, à
Londres (19 décembre 1829).

Akerman (John-Yonge), secrétaire de la Société des Antiquaires de Londres, à Londres (19 novembre 1841).

Halliwel (Jam-Orchard), membre de la Société des Antiquaires de Londres, à Londres (9 décembre 1849):

Birch (Samuel), conservateur des antiquités égyptiennes et
assyriennes du Musée britannique, à Londres (9 décembre 1850).

Roach Smith (Charles), membre de la Société des Antiquaires
de Londres, à Rochester (9 avril 1851).

Wright (Thomas), correspondant de l'Institut (Académie des
inscriptions et belles-lettres), à Londres (9 janvier
1852).

Petrie (G.), membre de l'Académie royale d'Irlande, à Dublin
(10 janvier 1853).

Collingwood Bruce (John), membre de la Société des
Antiquaires de Londres, à Newcastle-sur-Tyne (9 mai
1853).

Loftus, à Ettrick, en Écosse (4 novembre 1857).

Parker (Joh-Henri), à Oxford (2 juin 1858).

MM.

Mayer (Joseph), à Liverpool (11 août 1858).

Franks (Augustus-Wollaston), directeur de la Société des Antiquaires de Londres (5 février 1862).

Harth (William-Henri), à Londres (6 juillet 1864).

Lewis (le Rév. Samuel Savage), fellow et bibliothécaire de Corpus Christi College, à Cambridge (14 février 1872).

Bade.

Pfaffenhoffen (le baron Frantz von), chambellan de S. A. R. le grand-duc de Bade, à Donaueschingen (6 novembre 1867).

Belgique.

Roulez (J.) ✳, correspondant de l'Institut (Académie des inscriptions et belles-lettres), membre de l'Académie de Belgique, professeur d'archéologie à l'Université, à Gand (19 mai 1846).

Witte (le baron J. de) ✳, associé étranger de l'Institut (Académie des inscriptions et belles lettres), membre de l'Académie de Belgique, à Anvers (19 mai 1846).

Chalon (Renier), correspondant de l'Académie de Belgique, à Bruxelles (29 août 1851).

Polain (Matthieu-Lambert) ✳, correspondant de l'Institut (Académie des inscriptions et belles-lettres), membre de l'Académie de Belgique, administrateur de l'Université, à Liége (9 mai 1853).

Schaepkens (A.), artiste peintre, à Bruxelles (2 juillet 1856).

Otreppe de Bouvette (d'), président de l'Institut archéologique de Liége, à Liége (6 juin 1860).

Del Marmol, président de la Société archéologique de Namur, à Namur (20 mars 1861).

Van der Straten Ponthoz (le comte) à Bruxelles (18 janvier 1865).

MM.

Dogné (Eugène, M. O.) ✳, à Liége (6 juin 1867).

Pinchart (Alex.), chef de section aux Archives du royaume, à Bruxelles (7 avril 1869).

Dannemark.

Worsaae, conseiller d'État, inspecteur général des monuments historiques du Danemark, à Copenhague (9 août 1854).

Muller (Louis), inspecteur du cabinet royal des médailles, à Copenhague (25 mars 1858).

Schmitt (le professeur Waldemar), à Copenhague (3 juin 1868).

Espagne.

Castellanos de Losada (Basile-Sébastien), membre de l'Académie d'archéologie, à Madrid (9 avril 1851).

Delgado (Antonio), membre de l'Académie royale de l'histoire et conservateur des antiques de cette compagnie, à Madrid (9 janvier 1852).

Martinez y Reguera (Dʳ Léopoldo), à Bujalance, province de Cordoue (6 novembre 1867).

Etats-Unis.

Squier (E. G.), à New-York (9 juillet 1851).

Evebett (Edward), à Boston (9 juillet 1851).

Grèce.

Rangabé (A. Rizo), correspondant de l'Institut (Académie des inscriptions et belles-lettres), à Athènes (19 octobre 1849).

Hollande.

Dirks (J.), à Leuwarden (3 mars 1869).

MM.

Wal (J. de), professeur à l'Université, à Leyde (10 décembre
1849).

Leemans (Conrad), directeur du Musée d'antiquités à Leyde
(9 janvier 1852).

Italie.

Cibrario (le comte Louis) G. O. ✳, correspondant de l'Institut (Académie des sciences morales et politiques),
membre de l'Académie royale des sciences, ministre
d'État et 1er secrétaire pour S. M. le roi d'Italie des
ordres des SS. Maurice et Lazare, à Florence (20 août
1832).

Morbio (le chev. Charles), secrétaire perpétuel de l'Académie
royale, à Milan (9 mars 1839).

Bonnefoy (l'abbé), à Jarsy (9 mars 1842).

Fusco (Joseph-Marie), à Naples (9 décembre 1850).

Rossi (le chevalier J. B. de) ✳, associé étranger de l'Institut
(Académie des inscriptions et belles-lettres), interprète
des manuscrits à la bibliothèque du Vatican, membre
de la Commission des antiquités chrétiennes et du
collége philologique de l'Université, à Rome (10 janvier
1853).

Garrucci (le P. Raffaele), professeur au collége romain, à
Rome (9 juillet 1854).

Cittadella (Luigi-Napoleone), conservateur des archives, à
Ferrare (6 juin 1860).

Conestabile (le comte Giancarlo), sénateur du royaume
d'Italie, professeur à l'Université, à Pérouse (6 mars
1862).

Henzen (le Dr Wilhem), correspondant de l'Institut (Académie des inscriptions et belles-lettres), à Rome (16 janvier 1867).

Norwége.

Unger, professeur à l'Université, à Christiana (28 juin
1871.)

Portugal.

MM.

MACEDO (le conseiller, commandeur DE[1], secrétaire perpétuel de l'Académie royale, à Lisbonne (9 décembre 1836).

Prusse.

FRIEDLAENDER (Julius), conservateur du Musée des médailles, à Berlin (9 décembre 1850).

ZUMPFT (A. W.), membre de l'Académie des sciences, à Berlin (9 janvier 1852).

DIEFENBACH (Lorenz), à Francfort-sur-le-Mein (9 janvier 1852).

LEPSIUS (Richard) ✻, correspondant de l'Institut (Académie des inscriptions et belles-lettres), membre de l'Académie des sciences, à Berlin (10 novembre 1853).

PERTZ (Georges), membre de l'Académie royale des sciences, directeur de la Bibliothèque royale, associé étranger de l'Institut de France (Académie des inscriptions et belles-lettres), à Berlin (16 novembre 1859).

BOCK (le chanoine), à Aix-la-Chapelle (1er mai 1867).

AUS'M WERTH (le professeur Ernest), à Kessenich près Bonn (2 mars 1870).

Russie.

LABANOFF (le prince A. DE), à Saint-Pétersbourg (9 février 1827).

KŒHNE (Bernard DE), conseiller d'Etat actuel, à Saint-Pétersbourg (10 décembre 1849).

BARTHOLOMEI (le général J. DE), membre de l'Académie impériale d'archéologie, à Tiflis (9 décembre 1850).

OUVAROFF (le comte), recteur de l'Université, à Moscou (4 novembre 1857).

Suisse.

MM.

Quiquerez, à Bellerive, près Délémont, canton de Berne (19 février 1847).

Vulliemin (Louis), à Lausanne (10 décembre 1849).

Schneller, à Lucerne (1er juillet 1857).

Fazy (Henry), membre du Conseil d'Etat (4 février 1863).

Morel-Fatio (Arnold), conservateur du Musée, à Lausanne (11 juillet 1866).

Pictet (Adolphe), à Genève (6 mai 1868).

Keller, à Zurich (3 mars 1869).

Wurtemberg.

Keller (Adalbert von), professeur de littérature du moyen-âge, à l'Université de Tubingue (2 avril 1862).

LISTE

DES SOCIÉTÉS SAVANTES

avec lesquelles la Compagnie est en correspondance.

Sociétés françaises.

ACADÉMIE des inscriptions et belles-lettres de l'Institut national de France.

AISNE, *Saint-Quentin*. Société académique.

ALLIER, *Moulins*. Société d'émulation.

AUBE, *Troyes*. Société d'agriculture, sciences, arts et belles-lettres du département.

CALVADOS, *Caen*. Société des antiquaires de Normandie.
- — Académie des sciences, arts et belles-lettres de Caen.
- — *Bayeux*. Société d'agriculture, sciences, arts et belles-lettres. Société française d'archéologie.

CHARENTE, *Angoulême*. Société d'agriculture, arts et commerce du département.

CHER, *Bourges*. Commission historique du Cher.

CÔTE-D'OR, *Dijon*. Commission d'archéologie.

CÔTES-DU-NORD, *Saint-Brieuc*. Société archéologique et historique des Côtes-du-Nord.

CREUSE, *Guéret*. Société des sciences naturelles et archéologiques de la Creuse.

EURE-ET-LOIR, *Chartres*. Société archéologique du département.

GARD, *Nimes*. Académie.

GARONNE (HAUTE), *Toulouse*. Académie des sciences, inscriptions et belles-lettres. — Société archéologique du midi de la France.

GIRONDE, *Bordeaux*. Commission des monuments et documents historiques de la Gironde.

HÉRAULT, *Montpellier*. Société archéologique.

— *Béziers*. Société archéologique.

ILLE-ET-VILAINE, *Rennes*. Société archéologique.

INDRE-ET-LOIRE, *Tours*. Société archéologique.

LANDES. Société des lettres, sciences et arts.

LOIR-ET-CHER, *Blois*. Société des sciences et lettres.

LOIRE (HAUTE), *Le Puy*. Société d'agriculture, sciences, arts et commerce.

LOIRET, *Orléans*. Société archéologique de l'Orléanais.

MAINE-ET-LOIRE. Répertoire archéologique de l'Anjou.

MARNE, *Reims*. Académie de Reims.

— *Chalons-sur-Marne*. Société d'agriculture, commerce, sciences et arts.

MARNE (HAUTE), *Langres*. Société historique et archéologique.

MEUSE, *Verdun*. Société philomathique.

MEURTHE ET-MOSELLE, *Nancy*. Académie de Stanislas. — *Briey*. Société d'archéologie et d'histoire.

NORD, *Lille*. Société des sciences, de l'agriculture et des arts.

— *Cambrai*. Société d'émulation.

— *Douai*. Société centrale d'agriculture, sciences et arts.

— *Dunkerque*. Société dunkerquoise pour l'encouragement des sciences, des lettres et des arts. — Société archéologique de l'arrondissement d'Avesnes.

Oise, *Beauvais*. Société académique d'archéologie, sciences et arts.

Pas-de-Calais, *Arras*. Académie d'Arras.

— *Saint-Omer*. Société des antiquaires de la Morinie.

Rhône, *Lyon*. Académie des sciences, belles-lettres et arts.

Saône-et-Loire, *Autun*. Société Eduenne.

Savoie, *Chambéry*. Société savoisienne d'histoire et d'archéologie.

— *Annecy*. Société Florimontane.

Seine, *Paris*. Société de l'histoire de France. — Institut historique. — Société philotechnique. — Société d'archéologie parisienne.

Seine-et-Marne, *Melun*. Société d'archéologie, sciences, lettres et arts du département.

Seine-et-Oise, *Rambouillet*. Société archéologique.

— *Versailles*. Société des sciences morales, des lettres et des arts.

Seine-Inférieure, *Rouen*. Académie des sciences, belles-lettres et arts. — Commission départementale des antiquités de la Seine-Inférieure.

Sèvres (Deux), *Niort*. Société de statistique.

Somme, *Amiens*. Société des antiquaires de Picardie. — Académie du département de la Somme.

Tarn, *Castres*. Société littéraire et scientifique.

Var, *Toulon*. Société des sciences, belles-lettres et arts.

Vienne, *Poitiers*. Société des antiquaires de l'Ouest.

Vienne (Haute), *Limoges*. Société archéologique et historique du Limousin.

Vosges, *Épinal*. Société d'émulation du département.

Yonne, *Auxerre*. Société des sciences historiques et naturelles.

ᴵ — *Sens.* Société archéologique de Sens.

Aʟɢᴇ́ʀɪᴇ, *Alger.* Société historique algérienne.

— *Constantine.* Société archéologique.

Sociétés étrangères.

Aʟʟᴇᴍᴀɢɴᴇ, *Metz.* Académie.

— *Strasbourg.* Société pour la conservation des monuments historiques de l'Alsace.

Aɴɢʟᴇᴛᴇʀʀᴇ, *Londres.* Société royale des antiquaires. — The archeological Institute of Great Britain and Ireland. Société des antiquaires d'Écosse. — Société numismatique.

Aᴜᴛʀɪᴄʜᴇ, *Vienne.* Académie impériale des sciences.

— *Laybach.* Société historique de la Carniole.

— *Grœtz.* Société historique de Styrie.

Bᴀᴅᴇ, *Manheim.* Société historique.

Bᴀᴠɪᴇ̀ʀᴇ, *Munich.* Académie royale des sciences.

— *Bamberg.* Société historique.

— *Nuremberg.* Muséum germanique.

— *Ratisbonne.* Société historique du Haut-Palatinat.

Bᴇʟɢɪǫᴜᴇ, *Bruxelles.* Académie royale de Belgique.

— *Liége.* Société liégeoise de littérature wallonne.

— Académie d'archéologie.

— *Mons.* Société des sciences, des arts et des lettres du Hainaut.

Dᴀɴᴇᴍᴀʀᴋ, *Copenhague.* Société royale des antiquaires du Nord.

— *Odensée.* Société littéraire de Fionie.

Esᴘᴀɢɴᴇ, *Madrid.* Académie royale d'histoire.

— Académie royale des beaux-arts de San-Fernando.

États-Unis, *Boston*. Société des antiquaires.

—   *New-Yorck*. Société ethnologique d'histoire naturelle.

—   *Philadelphie*. Société philosophique américaine.

—   *Washington*. Institut Smithsonien.

Grèce, *Athènes*. Société archéologique.

Hesse-Darmstadt, *Mayence*. Société des antiquaires.

Italie, *Turin*. Académie royale des sciences.

Luxembourg, *Luxembourg*. Société archéologique.

Nassau, *Wiesbaden*. Société des antiquaires.

Portugal, *Lisbonne*. Académie royale des sciences.

Prusse, *Bonn*. Société des antiquaires du Rhin.

Russie, *Saint-Pétersbourg*. Académie impériale des sciences.

Suède, *Stockholm*. Académie royale des inscriptions et belles-lettres.

Suisse, *Bale*. Société nationale des antiquaires. — Société historique.

— *Zurich*. Société des antiquaires.

— *Lausanne*. Société d'histoire de la Suisse Romande.

— *Lucerne*. Société historique des Cinq Cantons.

— *Genève*. Société d'histoire et d'archéologie.

— *Lucerne*. Société historique des cinq Cantons primitifs.

Turquie, *Constantinople*. Société centrale.

EXTRAIT DES PROCÈS-VERBAUX

DU 1ᵉʳ TRIMESTRE DE 1872.

Séance du 3 janvier.

Présidence de MM. Cocheris et Boutaric.

M. Cocheris, président sortant, prononce l'allocution suivante :

« Messieurs,

« Un usage qui remonte à l'origine de la Société des Antiquaires, impose pour dernier devoir à celui qui cesse d'être votre président, de rappeler en quelques mots les services que la Compagnie a rendus à la science pendant l'année qui vient de s'écouler.

« Au premier abord, ma tâche semble facile, puisque au lieu d'un an voulu par le réglement, en voici deux que je passe au milieu de vous; et cependant, malgré cette dérogation à la règle établie, vous ne serez pas surpris, je l'espère, si je ne parle pas des travaux que les circonstances vous ont empêchés de mettre au jour et qui, en d'autres temps, auraient facilité par leur nombre et leur éclat, l'obligation dont j'ai à m'acquitter aujourd'hui.

« Dans la première moitié de l'année 1870, nos séances ont offert le plus grand attrait, autant par la variété des communications que par l'intérêt spécial qui s'attachait à chacune d'elles.

« L'Epigraphie, grâce à MM. Quicherat, Creuly, Allmer,

de Vogué, Canéto et Egger, s'est enrichie de nouveaux documents, dont on ne peut nier l'importance.

« L'inscription de Vieux-en-Valromey (Ain), qui affirme l'existence d'un temple dédié à Mithra ; celle de Soissons relative à Isis Myrionyme et à Sérapis ; les inscriptions retirées du Rhône et interprétées par M. Allmer ; la singulière inscription d'Auch, où se trouve mentionné le nom d'une famille israélite établie dans cette ville ; l'inscription de la fameuse stèle gravée par Mesha, roi de Moab, contemporain d'Achab, d'Ochosias et de Joram, et qui, retrouvée à vingt-huit siècles de distance, vient au point de vue historique, contrôler les faits cités dans la Bible, et au point de vue philologique donner un spécimen du caractère archaïque phénicien, dont on n'avait jusqu'ici que des exemples aussi rares qu'incomplets ; enfin les textes épigraphiques de l'île de Syra, confirment des hypothèses précédemment émises et font ressortir des faits inconnus jusqu'ici. J'en prends à témoin ces curieuses inscriptions de Syra, d'après lesquelles il est permis d'affirmer que les femmes remplissaient au deuxième siècle de notre ère les fonctions municipales. Voici les institutions américaines dépassées, et nos plus ardents promoteurs de l'émancipation féminine n'en ont jamais tant demandé.

« L'histoire de l'art doit beaucoup à MM. Nicard, Quicherat et Bulliot. Grâce à M. Nicard, nous connaissons mieux les sculpteurs Dipœnus et Scyllis. Grâce à M. Quicherat, la liste déjà si riche, mais encore si incomplète, de nos grands architectes du moyen-âge, compte un nom nouveau, celui d'Isembert, contemporain de Philippe-Auguste et constructeur des ponts de Saintes et de la Rochelle. Vous n'aurez pas oublié, messieurs, les recherches ingénieuses de M. Bulliot sur l'émaillerie gauloise et les sages critiques de M. de Lasteyrie qui nous conseillait, pour ne pas avoir trop de déception, de ne pas avoir trop d'enthousiasme.

« Je dois vous rappeler aussi les intéressantes communications de M. de Witte sur une lampe antique qui représente un philosophe méditant en présence des deux grands mystères de l'humanité : la vie, représentée par un enfant nouveau-né, et la mort, sous la forme d'un squelette ; de M. Marion, sur les antiquités lacustres découvertes dans le lac de Clairvaux ; de M. Nicard, sur un mémoire de M. Keller, de Zurich, relatif aux monuments appelés pierres à sacrifice ou pierres à écuelle ; de M. Quicherat, sur le théâtre antique découvert à Besançon par M. Castan.

« Citer l'heureuse découverte de Besançon, c'est vous rappeler le nouvel ensevelissement des arènes de Paris.

« Vous avez tous visité, Messieurs, les arènes de Paris dont nous avaient entretenu MM. Huillard-Bréholles et Delisle bien avant que ce grand explorateur, qu'on appelle le hasard, ait, à coups de pioches et de pelles, mis à découvert ces ruines intéressantes. Vous vous rappelez les efforts que nous avons tentés, pour obtenir la conservation de ce monument, qui a eu le malheur de sortir du sol au moment où l'argent venant à manquer, on commençait à vouloir faire des économies. Trois ans plus tôt, nos édiles l'auraient sauvé, non pas parce que c'était un vieux souvenir à respecter, mais parce que les squares n'ont pas souvent des monuments antiques comme motif principal de décoration.

Les arènes étaient d'autant plus importantes à conserver que sauf les thermes de Julien, Paris n'a plus rien de Lutèce. Que nous reste-il de cette vaste nécropole représentée aujourd'hui par la rue de Lourcines (locus cinerum), de ces immenses substructions romaines déblayées naguère dans le jardin du Luxembourg, et de ce *Castrum stativum* qui occupait tout l'espace compris entre les deux voies antiques représentées aujourd'hui par les rues St-Jacques et d'Enfer....., rien... que le souvenir.

Heureusement, messieurs, l'insouciance du public à l'égard de ces vieux témoins de notre histoire n'est pas générale, il y a encore des hommes dévoués qui cherchent à sauver les épaves des siècles passés. Grâce à eux, je pourrais presque dire grâce à vous, Paris sera bientôt doté d'un musée archéologique, où se trouvera rassemblé tout ce que le sol — cet humble conservateur de nos antiquités

nationales — recélait depuis des siècles dans son sein
incessamment labouré.

L'hôtel Carnavalet, désigné pour recevoir ces précieux
débris, renfermera des cippes trouvés dans les fouilles de
l'Hôtel-Dieu qui ne le cèdent en rien, comme valeur archéologique, aux pierres sculptées découvertes à Notre-Dame au
mois de mars 1710 ; une statue que notre confrère M. de
Longpérier considère comme une seconde édition de la
Sequana conservée au musée de Dijon ; des fragments de
sculpture antique fort remarquables ; une collection considérable de cercueils en pierre de toutes dimensions, depuis
les plus grands jusqu'aux plus petits, et de toute espèce,
depuis ceux qui sont creusés dans le fût de colonnes antiques jusqu'à ceux où se trouvent des trous pratiqués dans
les parois, pour permettre aux vivants de correspondre avec
les morts, coutume qui existe du reste encore en Orient.
Quelques-uns de ces cercueils portent des inscriptions ou
des marques extérieures, d'autres renferment un coussin
en pierre avec la croix gravée en creux. Les plus importants
sont sans contredit : un cercueil mérovingien découvert, il
y a deux mois, dans Saint-Marcel, entre la rue de la Collégiale
et l'avenue des Gobelins, qui est couvert de sculpture et
qui donne sur l'art à cette époque, des renseignements
précieux que les monuments connus jusqu'ici n'avaient pas
encore fournis : un sarcophage en pierre d'une grande
dimension portant une inscription gravée en belles capitales
romaines, et qui rappelle le nom de la veuve « *Soppossa
conjunx* », enfin un autre sarcophage mérovingien en pierre,
trouvé devant le porche de Saint-Germain-des-Prés et sur le
couvercle duquel se trouvent des dessins tracés à la pointe
et une inscription que je n'ai pas encore déchiffrée.

« La série épigraphique ne manque pas non plus d'intérêt,
je citerai surtout une épitaphe carolingienne, en vers latins,
et quelques épitaphes hébraïques du commencement du
XIIIe siècle, qui complètent les renseignements que nous avons
déjà sur le cimetière juif de la rue Pierre-Sarrazin et que
M. Philoxène Luzzatto avait réunis dans une dissertation
publiée par la Société dans le tome XXII de ses Mémoires.

« L'Hôtel de ville renfermait beaucoup d'autres objets précieux, perdus aujourd'hui. C'est ainsi que les plombs trouvés dans la Seine, et réunis par M. Forgeais, n'offrent plus aux yeux qu'une masse informe. L'incendie a heureusement épargné la collection des jetons et médailles frappés par l'échevinage de Paris depuis le xive siècle jusqu'à la Révolution, car on en a recueilli dans les ruines fumantes six mille environ. Enfin grâce à un procès pendant entre l'administration et les ouvriers qui ont découvert l'admirable collection de médailles romaines en or trouvées au lycée Henri IV, on n'a pas perdu ce riche trésor enfermé précieusement dans les caves de l'Ecole des Beaux-Arts.

« Ce qui augmente la valeur des monuments du musée Carnavalet, c'est que l'on connaît leur origine, l'emplacement où ils ont été trouvés. Leur antiquité supplée au silence des documents écrits et leur réunion permettra de s'en servir utilement pour étudier l'histoire si incomplète encore de l'ancien Paris.

« Je suis d'autant plus heureux de la fondation de ce musée que les richesses qu'il renferme sont essentiellement nationales et qu'elles fourniront à nos confrères une ample moisson d'observations utiles et d'heureuses hypothèses dont profitera la Société des Antiquaires.

« Lorsque la Société se sépara, il y a dix-huit mois déjà, le 20 juillet 1870, pour prendre ses vacances ordinaires, rien n'annonçait le bouleversement social dont nous sommes aujourd'hui les victimes. Sans doute, nos esprits étaient inquiets: l'appréhension d'un danger vague, indéfini, nous préoccupait; mais, en réalité, quelque disposés que nous fussions à effrayer notre imagination, rien ne nous autorisait à prévoir les affreux malheurs qui allaient bientôt fondre sur nous.

« En effet, après une suite non interrompue de succès, l'ennemi arriva devant nos portes, au moment où ceux de nos confrères que les exigences de leurs fonctions ne retiennent pas dans la capitale, étaient encore soit en province, soit à l'étranger. C'est ce qui explique le petit nombre de membres qui reprirent séance le 5 octobre.

Nous étions à Paris vingt-deux. MM. Bordier, Boutaric, Brunet de Presles, Devéria, Delisle, Deloche, Egger, de Guilhermy, Heuzey, Huillard-Bréholles, Leblant, Mabille, Michelant, de Montaiglon, Maury, Perrot, Quicherat, Read, Renan, Rénier et Wescher ; et encore, si nous avions pu nous réunir tous : mais les citoyens, même les Antiquaires, étaient devenus soldats, les uns aux fortifications, les autres aux ambulances. Nos réunions comptaient quelquefois cinq membres au plus.

« Ce qui se passait dans ces réunions, messieurs, je n'ai pas besoin de vous le dire ; nous songions aux absents ; nous franchissions par la pensée la distance qui nous séparait d'eux, et nous cherchions à deviner ce qu'ils pouvaient penser des événements extraordinaires dont ils étaient les témoins.

« Les jours d'espoir — jours qui devinrent de plus en plus rares — nous réussissions assez bien à tromper notre ennui, on recausait antiquité, moyen-âge, histoire littéraire ; les jours de désillusion, prévoyant l'issue fatale de la lutte, comme le médecin devant le moribond, on parlait peu, absorbé qu'on était dans la contemplation de l'agonie lente et cruelle de cette ville gigantesque affamée malgré ses trésors, et réduite à l'impuissance, malgré son immense population.

« Quelque douloureuses que fussent nos impressions, nous étions chaque fois plus heureux de nous rencontrer. Nous y trouvions le contentement du cœur, un soutien contre les atteintes du malheur. La Société des Antiquaires n'était pas alors cette réunion académique dont nous sommes si honorés de faire partie. Dans de tels moments, les jouissances de l'esprit et les satisfactions de l'amour propre ne sont rien auprès des consolations de l'amitié. Nous nous réunissions pour confondre nos regrets, unir nos espérances et nous fortifier contre le désespoir commun.

« Pendant les cinq mois qu'a duré le siége de Paris, la Société n'a entendu qu'un très-petit nombre de communications. Les deux plus intéressantes à cause de leur actualité sont dues à M. Egger : l'une relative aux pigeons voyageurs, l'autre au sujet des dispositions prises dans l'antiquité pour la conservation des monuments publics.

« Vous savez, messieurs, le rôle important que les pigeons ont eu à jouer l'année dernière. C'était alors les seuls membres de notre corps diplomatique en état de servir utilement notre pays. Ce que nous avons fait, les Romains l'avaient fait avant nous, et 43 ans avant Jésus-Christ, ces oiseaux servaient pendant le siége de Modène à établir des rapports constants entre les assiégés et le camp des consuls.

« Le Sénatus-Consulte de l'an 47 de l'ère chrétienne n'est pas moins intéressant à connaître, et on voit que les Romains étaient aussi soucieux que nous de la conservation de leurs édifices.

« Lorsque M. Egger nous faisait cette intéressante communication, il ne se doutait pas alors que nos monuments allaient plus souffrir de la guerre civile que de l'invasion étrangère.

« Sans doute, on pressentait, et nos ennemis ne l'avaient que trop bien prédit, qu'à la suite de tels revers, il y aurait des mouvements insurrectionnels à réprimer, des révoltes partielles à éteindre ; mais, quelque désillusion que l'on ait eue sur l'esprit des populations, on ne pouvait imaginer l'effroyable spectacle qui s'offrit au regard des Parisiens épouvantés le 23 mai 1871 et les jours suivants.

« Il y a sept mois que ce lugubre drame est terminé, et la population semble avoir déjà oublié ses légitimes terreurs. A la consternation des premiers jours a succédé l'insouciance d'autrefois. et ce qu'il y a de plus triste, aucune note grave ne s'est élevée, aucune note austère ne s'est fait entendre depuis nos désastres, pour tirer de ces funestes révolutions un fécond et utile enseignement.

« Je sais bien que pour être à la hauteur de tels évènements, il faut des intelligences supérieures qui brillent rarement à une époque agitée comme la nôtre ; qu'on doit se résigner quelquefois à subir des décadences inévitables et que, pour ma part, je n'accepte que comme le point de départ d'une régénération nouvelle.

« Quoi qu'il en soit de nos craintes et de nos espérances, si nous étions une société purement littéraire, je ne serais pas complètement rassuré sur notre avenir, car les académies sont bien à plaindre, lorsque, au lieu de diriger le mouvement intellectuel et de le maintenir dans les sphères les plus élevées du vrai, du beau et du bien, elles se voient contraintes de le suivre dans sa marche rétrograde, et de le représenter dans ce qu'il a de plus vulgaire et de plus étroit. Lorsque la tragédie descend dans la rue, elle obéit peu aux règles de l'art, car elle ne vit que par le fer et par le feu. L'âme du poète agitée par de grands troubles civils, perd cette sérénité qu'elle acquiert aux époques de civilisation avancée et de raffinement littéraire ; émoussée par les désordres extraordinaires dont elle est le témoin, et qui dépassent toutes ces idées, elle perd la délicatesse du sentiment et la finesse de goût. Par une dépravation presque inévitable de la pensée, le style se passionne en dehors des règles de l'art, et l'écrivain devient barbare, en cherchant à peindre, dans une langue nouvelle, la barbarie qui l'environne.

« Nous n'avons pas à redouter, messieurs, cette influence du milieu où nous nous agitons. Nous sommes, permettez-moi de vous le dire, d'un autre monde, nous vivons dans le passé, nous nous permettons même quelquefois d'atteindre les temps préhistoriques. Ce n'est pas en remontant si haut que nous pouvons craindre des contradicteurs sérieux. D'ailleurs si l'art de parler se perd dans les salons, si la causerie n'existe plus comme autrefois ; si, en parlant, on ne répond plus, préférant suivre son idée que s'inquiéter de la réplique, il n'en est pas de même ici, où la discussion ne le cède jamais à la dispute, et où l'on écoute avec déférence celui-qui parle, même quand on ne professe ni ses opinions ni sa doctrine. La sagesse de la Société est du reste proverbiale, j'aime à le constater, et depuis dix-huit ans que j'ai l'honneur de lui appartenir, je cherche en vain le souvenir d'une discussion, même à propos d'é-lections.

Sans doute chacun de nous a ses préférences. On est enclin à favoriser ceux que l'on aime et dont on peut apprécier le zèle et l'érudition. Dans toutes les Sociétés, où le champ des investigations est très-vaste, les savants qui s'occupent des mêmes études s'attirent mutuellement et forment, sans le savoir, des groupes dont les membres partagent les mêmes opinions, professent les mêmes doctrines et désirent atteindre le même but.

« Cette communauté d'idées a cela de bon qu'elle favorise d'excellents choix, en suscitant des candidatures dignes en tout point de leur préférence et de l'adoption de la Société.

« C'est ainsi que prenant tour à tour des critiques à éprouver, des philologues, des historiens et des archéologues, la Société n'a fait qu'augmenter la considération dont elle jouit dans le monde savant.

« Malheureusement le nombre des membres de la Société est limité, et nous n'avons le plaisir d'en élire de nouveaux qu'après avoir eu la douleur d'en perdre, qui nous étaient chers et que la science regrettera encore plus longtemps que nous.

« C'est ainsi que nous ne pourrions que nous féliciter de la nomination de MM. Duplessis et Dumont, s'ils n'occupaient pas la place où venaient s'asseoir avant eux MM. Devéria et Huillard-Bréholles.

« Théodule Devéria, qui portait un nom cher aux arts et qu'il a honoré lui-même par son érudition, avait été admis dans la Société en remplacement de Duchalais, le 8 novembre 1854.

« C'était un jeune homme de vingt-quatre ans à peine, fort timide, fort doux, enclin à la mélancolie, subissant dans le silence et le recueillement les attaques lentes mais implacables d'une maladie mortelle. Heureusement pour lui Devéria aimait la science, et la science, en échange de son dévouement, calmait, lorsqu'elle ne les lui faisait pas oublier complètement, les douleurs qui minaient sourdement son existence.

« Notre jeune confrère s'était adonné, vous le savez, messieurs, à l'étude de l'égyptologie. Il avait été attaché fort jeune au Musée égyptien dont il devint plus tard conservateur. C'est grâce à son goût prononcé pour la langue et l'histoire d'un pays ambitionné par tous les grands dominateurs de l'univers, depuis Alexandre jusqu'à Bonaparte, qu'il dût de vivre quelques années de plus. En effet, il était de mode alors d'encourager tout ce qui, de près ou de loin, rappelait les vues du premier empire. Sans doute, on ne songeait point à créer un nouvel Institut d'Égypte, mais on n'était pas fâché des découvertes innattendues de notre confrère Mariette, pour envoyer dans le pays des pyramides, des contemplateurs d'un ordre plus scientifique que les vainqueurs d'Héliopolis. Grâce à cette tendance à l'imitation, que je ne saurais trop approuver en cette occasion, Devéria alla pendant plusieurs années étudier sur place les trésors inconnus que la terre des Pharaons recélait dans son sein. Le climat d'Alexandrie arrêtait les progrès du mal, et le courageux antiquaire en profitait pour poursuivre ses recherches. La révolution du 4 septembre ne permit pas à Devéria de retourner en Égypte.

« Enfermé pendant le siége de Paris, il y mourut le 31 janvier épuisé par la maladie et le chagrin.

« Je pourrais vous signaler ce que l'érudition doit à Devéria, mais je laisse ce soin à son biographe qui nous rappellera, mieux que je ne puis le faire, les droits incontestables qu'il doit avoir à nos éloges et à nos regrets. J'ajouterai que notre confrère, M. de Rougé, professeur au Collége de France consacrera après demain sa première leçon à l'examen des œuvres du jeune et savant égyptologue.

« La perte de M. Huillard-Bréholles nous a été encore plus sensible, et il ne pouvait en être autrement. M. Devéria n'était pas encore l'aimable confrère que vous avez connu, que M. Huillard-Bréholles était déjà pour nous un vieil ami.

« Dans les sociétés savantes la politesse académique veut qu'on soit loué le premier jour qu'on s'assied au milieu de ses confrères, mais elle exige aussi qu'on soit jugé le jour qu'on y est remplacé. Nous n'avons pas cette coutume, qui aurait été peu embarrassante pour le successeur de Huillard-Bréholles, car il était de ces hommes pour qui ce second jugement ne diffère pas du premier.

« Personne, mieux que notre regrettable confrère, n'avait su se concilier une bienveillance plus générale. Son humeur était si égale, sa courtoisie si parfaite, sa critique si mesurée, son érudition si peu tranchante, en un mot sa personnalité était si voilée, que les intelligences les plus novices ne le redoutaient pas plus que les vanités les plus ombrageuses. Sa modestie qui lui donnait un certain air d'incertitude et d'hésitation, n'était pas de ces modesties d'emprunt qui servent de contenance aux gens les plus affamés d'éloges et de succès. Il était né modeste, tel il a vécu, aussi bien sur les bancs du lycée Charlemagne que dans son fauteuil d'académicien. Mais sa modestie était la moindre de ses qualités, et ses amis lui en connaissaient bien d'autres qui n'étaient ni moins rares ni moins aimables. Je ne citerai que ces vertus domestiques appréciées comme elles méritaient de l'être par tous ceux qui étaient admis dans son intimité.

« S'il y a de mauvaises passions qui tuent, il y en a de bonnes qui malheureusement ne sont pas moins terribles dans leurs effets. Huillard-Bréholles en avait trois qui, combinées ensemble, devaient le mener fatalement à la mort. Il aimait passionnément l'étude, il aimait passionnément son pays, il aimait encore plus passionnément sa fille.

« Les désastres que nous subissions l'avaient impressionné vivement. Le siége de Paris mit le comble à sa douleur. Craignant pour son enfant, et ne pouvant partir avec elle, à cause des fonctions qui le retenaient à Paris, il s'en sépara, ne prévoyant pas certainement que son affection serait au-dessus de son courage. En effet, à peine le jeune et timide oiseau envolé, la volière lui parut vide. Malgré les soins affectueux de Madame Huillard-Bréholles, malgré le concours sympathique de ses amis, notre confrère ne pouvait maîtriser son chagrin. Cette enfant, qu'il n'avait jamais quittée, qu'il entourait de sa sollicitude, et sur laquelle il avait accumulé tout ce qu'un cœur de père renferme pour ces frêles petits êtres de souvenirs délicieux, de tendresses intarissables et de projets charmants, manquait à sa nature aimante et concentrée.

« Un homme qui a travaillé pendant trente ans avec l'ardeur et le zèle que Huillard-Bréholles mettait à remplir son devoir, est plus sensible qu'aucun autre au coup qui doit le frapper. Il avait été jusqu'à Bordeaux pendant l'armistice embrasser cette fille chérie, mais, jugeant avec raison qu'il était encore prudent de rester éloigné de Paris, il était revenu seul, songeant à ceux qu'il avait laissés dans le midi, songeant aussi à cette France mutilée, souillée par l'ennemi, agitée par les partis, sans boussole pour la guider, sans pilote pour la conduire. Cette seconde solitude, plus triste encore que la première, fut sa dernière étape vers le tombeau.

« Quelques jours avant sa mort, je le rencontrai à l'Institut, triste et découragé. Sa parole était saccadée; il bégayait comme un homme ivre, en portant à chaque instant la main à son front. « Qu'avez-vous? » lui dis-je. « Je souffre, me répondit-il, d'un mal inexplicable. Je voudrais bien voir ma fille, » et il s'en alla en me donnant sa dernière poignée de main. Trois jours après il était mort !

« C'était le 25 mars 1871. Tout ce que Paris comptait alors de savants avait voulu témoigner par sa présence des liens d'affection qui l'unissaient à notre confrère. L'Académie des inscriptions et belles-lettres, la Société des Antiquaires, le Comité des travaux historiques et des sociétés savantes, l'administration des Archives nationales, étaient venus en corps accompagner Huillard-Bréholles jusqu'à sa dernière demeure. C'est au milieu de cette pompe funèbre, conduite par des parents et des amis éplorés, que nos confrères, MM. Delisle et Alfred Maury, rappelèrent en termes éloquents, les services rendus par notre collègue à l'érudition et aux lettres. Ah ! messieurs, je n'oublierai jamais cette lugubre cérémonie et ces orateurs émus, qui en venant adresser un dernier adieu à notre regrettable collaborateur — ce triste adieu qui sépare le mort des vivants — pleuraient avec les assistants et l'ami qu'ils venaient de perdre et la patrie qui venait de succomber. Car, pour augmenter notre douleur, Paris qui avait soutenu si noblement une lutte de cinq mois était devenu le théâtre d'un drame sanglant dont vous connaissez tous l'épouvantable dénouement.

« Mais, je m'arrête. Je sens, messieurs, que mon affliction est trop sincère pour ne pas vous paraître un peu funèbre. De même que la Société des Antiquaires comble ses vides les plus regrettables par de jeunes érudits, pleins de zèle et d'avenir ; de même, espérons-le du moins, la France renaîtra plus brillante et plus belle du chaos où elle vient d'être précipitée. Elle a eu le malheur de donner au monde l'exemple des plus funestes égarements. Souhaitons qu'elle sorte enfin des convulsions politiques qui l'ont si longtemps déchirée, que les fureurs civiles s'éteignent, que les factions disparaissent, et qu'elle montre autant d'aversion pour l'anarchie qui ramène les peuples à la barbarie par les excès, que d'éloignement pour le despotisme qui les pousse à l'anarchie par le désespoir. N'est-il pas d'ailleurs dans l'étonnante destinée de notre pays d'entendre, au jour en apparence marqué pour sa ruine, sonner l'heure de sa renaissance ?

« N'interrogeons donc plus le passé que pour y puiser d'utiles leçons, en cherchant dans le présent le salut de l'avenir. »

M. Boutaric, président élu, adresse à ses confrères une courte allocution et termine en demandant que des remercîments soient votés au bureau sortant.

Correspondance.

Il est donné lecture d'une lettre par laquelle M. Terry, employé à la Bibliothèque Nationale, propose à la Société la publication d'une table analytique de ses Mémoires et de son Bulletin dressée par lui. Cette proposition est renvoyée à l'examen d'une commission composée de MM. Egger, Brunet de Presle, Cocheris, P. Nicard et de Barthélemy.

M. Chautard, professeur à la Faculté des sciences de

Nancy se porte candidat au titre d'associé correspondant ;
ses présentateurs sont MM. Michelant et de Barthélemy ; le
président désigne MM. Chabouillet, Aubert et Robert pour
composer la commission chargée de faire un rapport sur les
titres du candidat.

Travaux.

M. Egger lit un rapport au nom de la commission chargée
d'examiner les titres de M. le commandant Hennebert,
candidat au titre d'associé correspondant national ; le rapporteur conclut à l'admission : on procède au scrutin, et
M. Hennebert ayant réuni le nombre de suffrages prescrit
par le réglement, est proclamé associé correspondant à
Amiens.

Il est donné lecture d'une note envoyée par M. de Cessac,
associé correspondant à Guéret, sur deux sceaux du xvi⁰
siècle :

« M. C. Pérathon découvrit chez M. Macé, ferblantier
à Aubusson, un sceau que ce dernier avait acquis, il y avait
plus de vingt ans, comme vieux cuivre destiné à la fonte.
Passé dans les mains de M. Grange, marchand d'antiquités
à Clermond-Ferrand, je viens de l'acquérir de ce dernier.

« C'est une rondelle de cuivre de 0ᵐ 052 de diamètre et
de 0ᵐ 005 d'épaisseur sans trace d'aucun manche ou sup-
port quelconque. Au centre sont gravées en creux les armes
de France surmontées d'un lambel à trois pendants qu'entoure le collier de l'ordre de Saint-Michel. Une couronne
dont on ne voit plus que le cercle est placée au-dessus de
l'écusson.

« En légende on lit en capitales romaines entre deux
filets :

CHARLE FILZ ET FRER DE ROI CONT DE LA M.

« A quel Charles a appartenu ce sceau ? Suivant M. Pérathon (notice sur les tapisseries d'Aubusson, p. 29, *note*) ce
ne peut être que le sceau de Charles, duc d'Orléans, fils
de François Iᵉʳ, comte apanagiste de la Marche de 1531 à
1545.

« C'est en effet le seul comte de la Marche auquel on

puisse l'attribuer d'après la liste de ces comtes donnée par Goulietton dans son *Histoire de la Marche*. Trois ont porté de France surmonté d'un lambel à trois pendants : Charles-le-Bel, le connétable de Bourbon et le duc d'Orléans fils de François Ier. Le premier portait des fleurs de lys sans nombre ; le second n'était ni fils, ni frère de roi ; le dernier seul réunit ces deux qualités. Mais ici se présente une difficulté insurmontable : Charles mourut en 1545, deux ans avant son père, et Henri II son frère ne monta sur le trône qu'en 1547.

« Faudrait-il voir dans ce sceau celui dont on se servit dans la Marche entre la mort de François Ier et 1554, époque où ce comté fut donné en apanage à Louis-Charles de Bourbon frère aîné d'Henri IV, né cette même année et mort enfant par la maladresse de sa nourrice qui le laissa choir d'une fenêtre? Il existe des exemples de sceaux ayant servi, après la mort de ceux dont ils portaient le nom, à sceller des actes faits pendant une vacance, mais jamais que je sache on n'y ajouta une qualification qui n'aurait pu appartenir à son propriétaire que deux ans après sa mort. Aussi serais-je porté à croire que le sceau que je viens de décrire a appartenu à un comte de la Marche dont les historiens du pays n'ont pas recueilli le nom.

« J'ai également entre les mains un sceau d'Henri II de même forme et de même taille que celui que je viens de décrire, mais parfaitement conservé. Il a pour poignée une demi-rondelle de cuivre soudée à la partie opposée à la face. Au milieu de ce sceau sont gravées les armes de France, surmontées de la couronne royale et soutenues par un large croissant. Dans le champ à droite est un H, à gauche un C au-dessous desquels est gravée une marguerite portée par une tige feuillée. Autour on lit entre deux filets la légende suivante : † HENRICVS † II DEI GRA FRANCORVM REX

« Ce sceau a été trouvé chez un ouvrier des houillères d'Ahun (Creuse), j'ignore d'où il provient. »

Un membre fait remarquer que l'expression *fils et frère de roi* a un sens général qui peut trouver une explication naturelle dans ce fait que Charles, comte de la Marche de

1531 à 1545, était fils du roi François Ier et beau-frère du roi d'Écosse Jacques V qui avait épousé sa sœur Madeleine en 1536.

Séance du 10 janvier.

Présidence de M. BOUTARIC, président.

Correspondance.

M. le Dr Léopold Martinez y Reguera, associé correspondant étranger à Bujalance, adresse à la Société un travail manuscrit, intitulé *Noticia biografica des los Barbarrojas Africanas*.

M. Léon Pigeotte, à Troyes, écrit pour faire connaître sa candidature au titre d'associé-correspondant; ses présentateurs sont MM. Quicherat et Michelant. Le Président désigne MM. Marion, Delisle et Guérin pour former la commission chargée de faire un rapport sur les titres scientifiques de M. Pigeotte.

Travaux.

M. Duplessis, membre résidant, lit la notice suivante sur Jehan Clouet, peintre du roi François Ier :

« On trouve dans le Trésor de Numismatique et de Glyptique (choix de médailles exécutées en Allemagne aux xvie et xviie siècles, pl. 22, n° 2 et page 40 du texte), la reproduction d'un médaillon de bronze sans revers, du diamètre de 42 millimètres, qui intéresse l'art français au plus haut point et qui est comme perdu au milieu des spécimens qui l'avoisinent. Les auteurs de cet important ouvrage n'avaient pu le rencontrer ; ils avaient été contraints d'avoir recours à un moulage pour le reproduire, et, par une bizarrerie singulière, ils avaient cru reconnaître une main allemande dans cette œuvre toute française, française aussi bien par le travail du ciseleur que par la physionomie représentée. Un heureux hasard nous a fait rencontrer une épreuve de l'œuvre originale dans la collection choisie de M. Wasset, et il nous a semblé opportun de profiter de cette occasion qui nous était offerte pour appeler de nouveau l'attention sur ce précieux objet.

« Ce médaillon, modelé au xvɪᵉ siècle, fournit le portrait authentique du peintre Clouet ; il est représenté de profil, dirigé à gauche, coiffé d'une résille surmontée d'un béret posé sur l'oreille droite ; de sa chevelure on n'aperçoit qu'une longue mèche retombant sur la joue et quelques cheveux recouvrant la nuque ; le costume, qui ne peut, à vrai dire, fournir aucun document précis sur l'époque à laquelle fut frappé ce médaillon, se compose uniquement d'une cape rejetée sur l'épaule gauche. Quant à l'authenticité du portrait, elle ne saurait être douteuse ; l'inscription gravée autour du médaillon : JEHANNET CLOVET PICTOR FRANC. REGIS, n'autorise pas la moindre discussion et les mots *Jehannet Clouet* permettent d'affirmer que l'œuvre n'a pas été ciselée hors de France. Le béret et la résille ont, nous disent les auteurs du Trésor de Numismatique, motivé l'attribution allemande qu'ils proposent en même temps que la place qu'ils ont assignée à ce médaillon dans leur ouvrage. A cette opinion, nous objecterons que l'usage de cette coiffure particulière n'était pas spéciale à l'Allemagne pendant le seizième siècle : le connétable de Bourbon (28 février

1489 — 6 mai 1527), dans une estampe célèbre due au burin
de Thomas de Leu, porte une coiffure identique à celle que
nous voyons ici. Plusieurs personnages, sur les tapisseries
françaises exposées à Beauvais dans la cathédrale (elles sont
de 1530), ou conservées au musée de Rheims et reproduites
les unes et les autres dans l'ouvrage de M. Ach. Jubinal,
sont coiffés de même. On trouve des exemples de cette façon
de se couvrir la tête dans les *Chants royaux*, manuscrit
exécuté par des artistes français à la fin du xve siècle ou au
commencement du xvie, et possédé aujourd'hui par la
Bibliothèque nationale ; enfin, dans une des fresques de
Raphael qui décorent au Vatican la *Chambre* dite de l'*Incendie du Bourg*, *le Serment de Léon III*, on remarque sur la
tête des gentilshommes placés au bas de l'autel, la même
résille et le même béret. Ces exemples, que l'on pourrait
sans aucun doute multiplier, tendent à prouver ce que nous
avançons plus haut, que l'Allemagne n'a pas eu seule au
xvie siècle le monopole de ce genre de coiffure.

« Maintenant quel est celui des Clouet que représente le
médaillon qui nous occupe ? Ce ne peut être que Jehan
Clouet dit Jehannet, qui succéda en 1513 à Jehan Bourdi-
chon dans la charge de valet de chambre et de peintre du
roi, et qui était mort en 1541. Ce Jehan Clouet eut un fils,
François Clouet, qui hérita du talent, de la réputation, des
places et titres de son père, aussi bien que du surnom de
Jehannet dont les actes officiels le gratifient. Le portrait de
ce François Clouet, dit Janet, existe ; il a été gravé dans
une suite anonyme que l'on est convenu de désigner sous le
nom de *Chronologie collée*, et les auteurs du Trésor de
Numismatique qui ne connaissaient qu'un seul peintre du
nom de Clouet, ont eu lieu d'être surpris du peu de res-
semblance qui existait entre le médaillon qu'ils reprodui-
saient et la gravure qui leur était connue. Aujourd'hui, où,
grâce aux savantes recherches de M. Léon de Laborde, nous
avons appris à connaître cette famille illustre dans les arts,
la confusion n'est plus permise et nous devons reconnaître
que le manque d'analogie qui existe entre ces deux portraits
s'explique naturellement ; le médaillon reproduit les traits

de Jehan Clouet; l'estampe nous lègue la physionomie exacte du fils de ce peintre, François Clouet, dit Janet. »

M. Quicherat met sous les yeux de la Société le dessin d'une statuette en bois, du plus grand intérêt, trouvée récemment dans l'un des puits funéraires de Troussepoil, sur la commune du Bernard (Vendée).

M. Quicherat a déjà eu l'occasion d'entretenir la Société de ce lieu de Troussepoil, qui est un cimetière antique où les sépultures consistent en puits plus ou moins profonds : quelques-uns vont jusqu'à 12 et 15 mètres. Il y a au fond de chacun un assortiment de vases dans l'un desquels se trouvent toujours des cendres mêlées de débris d'ossements calcinés. Le puits est bouché jusqu'à son orifice par une succession de couches soigneusement formées de pierraille, de tessons de poterie, de coquilles d'huîtres, d'ossements d'animaux, d'argile, etc.; les couches les plus profondes contiennent toujours des ustensiles de ménage, des objets de toilette ou des armes, et des médailles dont la série est renfermée entre le règne de Vespasien et celui d'Aurélien.

M. l'abbé Baudry, curé du Bernard, explore depuis douze ans ce curieux gisement. Il en est au vingtième puits. C'est celui qui lui a fourni l'objet en question, qui est la représentation d'une femme assise, voilée, et sur les genoux de laquelle on voit l'arrachement d'une figurine d'enfant qu'elle soutenait de ses deux mains.

L'ajustement, l'attitude, l'expression du personnage, ainsi que le style du travail, sont ceux qui caractérisent les saintes vierges en bois du xiiᵉ siècle, connues sous le nom de *Vierges noires*. Trouvée partout ailleurs, cette pièce aurait été considérée par tous les antiquaires comme un produit de la sculpture romane. Il ne saurait cependant y avoir de doute sur son origine antique. Elle a été trouvée vers le fond d'un puits de 13 mètres, dont l'orifice était fermé par 4 mètres de blocage maçonné. Elle était accompagnée de plusieurs vases de façon romaine, dont l'un porte le nom du potier *Marianus*. Elle est d'assez grande dimension : sa hauteur est de 51 centimètres.

La déesse-mère de Troussepoil, portée à Nantes, a causé l'étonnement de l'évêque et de tout le clergé de cette ville à qui elle a été montrée. M. Quicherat pense que la découverte de l'abbé Baudry pourra servir à expliquer l'origine d'un certain nombre d'églises du vocable de Notre-Dame, bâties sur des emplacements où la légende raconte que des statues de la Vierge furent trouvées par miracle.

M. Nicard, membre résidant, lit le rapport suivant sur les fouilles faites en Suisse pendant le cours de l'année 1871 :

« La Suisse, notre voisine, profitant des heureux et inappréciables avantages que la neutralité de son territoire lui assure depuis longtemps, a continué tranquillement, et sans se laisser distraire par le choc des armées ennemies à quelques pas de ses frontières, les travaux intellectuels auxquels elle se livre avec autant de zèle que de profit pour la science, travaux auxquels nous devons d'autant moins nous montrer indifférents que nous avons eu beaucoup à nous louer, dans nos récents malheurs, de la sympathie profonde que les habitants du même pays ont témoignée à nos soldats internés en Suisse ; c'est ce qui m'a engagé à communiquer à notre Société un résumé succinct des fouilles et des principales découvertes archéologiques opérées sur toute l'étendue de la république helvétique durant le cours de l'année qui vient de s'écouler, et qui a été marquée pour nous par d'effroyables malheurs.

« Ces découvertes concernent : 1° les antiquités préhistoriques, lacustres, etc.,

« 2° Les antiquités étrusques,

« 3° Les antiquités romaines,

« 4° Les antiquités du moyen-âge, si toutefois il nous est permis de désigner sous ce nom les monuments écrits ou figurés qui appartiennent à cette même époque.

« Je commence par les premières.

« A Covatane, canton de Vaud, l'exploration récente d'une grotte, dont l'existence était depuis longtemps connue, et à laquelle on avait donné le nom de caverne de la *Grande Poule*, a amené la trouvaille d'ossements d'animaux fossiles ou vivants, d'un fer de flèche en bronze, de fragments de poteries d'une fabrication très-grossière antérieure à l'invention du tour à potier ; la présence de ces poteries identiques aux poteries découvertes dans les établissements lacustres de l'époque la plus reculée, improprement attribuées à l'âge de pierre, ou à l'âge de bronze, lesquels ne sont pas aussi déterminés qu'on veut bien le dire, démontre d'une manière victorieuse qu'il n'y a jamais eu de populations lacustres, c'est-à-dire n'habitant que les lacs, venues des contrées orientales, comme certains antiquaires se sont amusés à le dire, et qu'à la même époque et dans le même pays, les mêmes hommes ont habité simultanément les eaux et la terre ferme, sans doute dans des buts différents d'existence ou de sécurité.

« A Cudrefin, dans le même canton, sur la côte vaudoise du lac de Neufchâtel, on a découvert une pirogue, laquelle mesure 27 pieds suisses de longueur, sur 2 pieds huit pouces de long, sa hauteur est d'environ 2 pieds, sa profondeur d'un pied 5 pouces, l'épaisseur des parois mesure 2 pieds 5 pouces, et celle du fond 4 pieds : l'anse et la proue de ce bateau sont parfaitement conservées ; une pirogue semblable est encore, à l'heure qu'il est, ensablée à la Crusay, station lacustre de l'âge de bronze, située à une lieue de la ville de Neufchâtel. La conservation de ces deux bateaux au sein des eaux et pendant un si grand nombre d'années, explique comment les Suisses fabriquent en ce moment des meubles et des ustensiles avec le bois des pilotis retirés de l'eau, auquel ils donnent le nom de bois lacustre et dont ils vantent la dureté et la belle couleur tirant sur l'ébène.

« Les fouilles se continuent sur les bords du même lac, notamment à Por-Alban, canton de Fribourg et à Estavayer, dont le nom revient souvent dans les découvertes du même genre; on y rencontre toujours les mêmes objets, le bronze y devient rare, les silex, la serpentine, le bois de cerf dominent; à Font, on a rencontré au milieu de débris de tous les âges, des médailles romaines, notamment des empereurs Claude le gothique, Tacite.

« Sur les bords du lac de Brienne, auquel l'île de Saint-Pierre, habitée quelque temps par J.-J. Rousseau, a valu autrefois une très-grande célébrité, on a, depuis un an, reconnu de nouvelles stations lacustres appartenant à des époques très-différentes, si l'on en juge par la nature des objets que ces explorations ont mis au jour ; parmi les plus intéressants, nous devons signaler un très-grand nombre de haches très-variées, des marteaux en diorite, quarzite, nephrite, des bois de cerf, évidemment travaillés par la main de l'homme, des vases tantôt d'une grandeur considérable et sans doute destinés à renfermer des provisions de ménage, tantôt d'une dimension très-minime, des fibules en bronze, des anneaux de même métal ou en étain, ceux-ci beaucoup plus grands que les premiers, et auxquels ceux-ci étaient suspendus, comme nous voyons de nos jours des anneaux servir à suspendre les clefs et même les bijoux. M. le professeur Desor a cru pouvoir donner aux anneaux d'étain et à d'autres à peu près semblables, mais en bronze, le nom de porte-monnaies lacustres, ce qui, nécessairement, implique l'idée que les anneaux crénelés ou non, rencontrés aux mêmes endroits, notamment dans la palafitte d'Auvernier, servaient de monnaies, comme chez les anciens Bretons, et, dans l'ancienne Egypte, où les monuments figurés représentent des marchés où l'on pèse des anneaux d'or ou d'argent ; le poids, à défaut d'effigie, en déterminait ainsi la valeur. Je me garderai d'oublier de mentionner ici une massue en chêne rencontrée au milieu d'objets si différents, semblable aux massues dont se servent de nos jours les habitants des îles Sandwich.

« Dans le canton de Thurgovie et dans un endroit nommé Heilamchen, on a exploré avec soin les restes assez considérables d'une construction en bois sur pilotis, qui avait été élevée sur un terrain tourbeux approfondi soigneusement par la main de l'homme, et sans doute dans le but d'asseoir avec solidité le plancher en bois dont il reste un assez grand nombre de poutres et de poutrelles, à l'aide desquelles on pourrait facilement arriver à une restauration de cette construction. Sur le même emplacement on a rencontré des objets en pierre, notamment en serpentine, en diorite, en amphibolite, en quartz, en silex, grès, argile, et quelques fragments de vases, dont les bords sont assez bien conservés pour qu'on puisse facilement y reconnaître les vestiges d'ornements exécutés avec l'ongle. Les métaux manquent complètement dans cet endroit, dont probablement les habitants ne connaissaient pas l'usage.

«A Kriechenwyl, auprès de Laupen, la charrue, en défonçant le sol, a amené à la surface de la terre une pointe de lance en silex de très-grande dimension, longue de plus de quatre pouces, large d'un pouce et huit lignes, épaisse de quatre pouces au moins, et dont l'espèce diffère essentiellement des pierres à fusil travaillées rencontrées sur l'étendue de la confédération helvétique.

« Un pasteur protestant, M. Vionnet, s'occupe à photographier les monuments préhistoriques et notamment les pierres à écuelles, dont M. F. Keller, notre correspondant, vient de donner la description dans les mémoires de la Société archéologique de Zurich, et que j'ai eu l'honneur de communiquer à la Société avant qu'elle ne fût publiée.

« L'ouverture d'un tombeau découvert auprès de Sargans, dans le canton de Saint-Gall, a amené la découverte d'un très-grand nombre d'objets en bronze, lesquels se trouvaient réunis à quelques ossements humains, des épingles, des bagues, des bracelets, un vase en argile, sans couverte ou émail, mais dont les bords sont décorés d'une manière assez élégante; à ce propos, je crois devoir rappeler que notre confrère, Ferdinand de Keller, a publié en 1870 une dissertation très-instructive sur les nombreuses sépultures de la Suisse antérieures à l'époque romaine.

« A Ritzenbach, auprès de Cummenen, canton de Berne, de nouvelles fouilles ont mis au jour deux squelettes humains, l'un du sexe mâle, l'autre du sexe féminin; ici les objets rencontrés auprès des morts étaient en fer ou bronze, ce qui démontre qu'ils avaient dû être ensevelis à une époque beaucoup plus rapprochée de nous. Nous signalerons la présence d'une épée, longue de trois pieds environ, dont la poignée a six pouces et demi; la largeur de cette arme atteint un pouce huit lignes dans la partie supérieure de la lame à deux tranchants, et seulement un pouce cinq lignes dans la partie inférieure; quelques parties du fourreau, lequel était en fer, existent encore, et certains détails permettent de reconnaître dans la même arme les caractères qui distinguent les épées de la Suisse, telles qu'on les ensevelissait dans les sépultures antérieures au christianisme.

« Je n'entretiendrai pas la société des fouilles et des recherches poursuivies en Suisse pour tâcher de reconnaître les restes des fortifications des nombreux refuges des populations celtiques, notamment sur l'Ebenberg auprès d'Aarau, dans le canton de l'Argovie; plus nous irons et plus nous arriverons à une connaissance plus complète de ces lieux fortifiés si bien décrits par notre confrère Ferdinand Keller, dont le zèle égale la science. J'ai hâte d'arriver à deux trouvailles du même savant : la première consiste en un fragment de vase grec trouvé à une profondeur assez considérable dans le jardin de l'auberge de l'Ikliberg, auprès de Zurich, lieu de promenade affectionné par les habitants de cette ville, lesquels, en hiver comme en été, au printemps comme en automne, viennent jouir des dernières lueurs du soleil couchant sur les montagnes des hautes Alpes. Cette localité, occupée en partie par une auberge, a cela de remarquable que trois civilisations s'y sont succédé en laissant derrière elles des traces nombreuses de leur passage successif; en effet, les Romains ont succédé aux Celtes, et au moyen-âge, les anciennes murailles des fortifications élevées par les Celtes ont été utilisées dans les constructions nouvelles. Le fragment de ce vase rappelle les nombreux vases à peintures rouges sur fond noir et il serait assez difficile de dire aujourd'hui comment il a pu être apporté à cette hauteur. Au surplus ce n'est pas la seule fois qu'on a découvert en Suisse des monuments de l'art grec ou de l'art étrusque; outre un vase en bronze rencontré dans une tourbière ou dans le pays de Graechwill, canton de Berne, lequel sans doute avait appartenu à celui dont les restes ont été découverts en même temps, quelques instruments en bronze, notamment celui dont je fis ici le dessin à la

Société, et dont l'usage est au moins problématique, rencontrés dans une station lacustre du lac de Brienne et seul de son espèce jusqu'à présent, quelques objets en bronze, évidemment de travail grec ou étrusque, ont été recueillis dans d'anciennes sépultures.

« Une découverte plus remarquable assurément que la rencontre d'un morceau de vase grec, est celle qui a été faite au printemps de l'année passée, à deux lieues et demie de Sondrio, canton des Grisons; elle consiste en une inscription gravée en caractères étrusques, au-dessous d'un personnage qui semble représenter un guerrier, dont le casque offre la forme ordinaire aux casques les plus anciens de la Grèce. La pierre, sur laquelle cette inscription a été tracée mesure un mètre vingt centimètres de longueur sur quatre-vingt-cinq centimètres de largeur, elle rappelle les pierres tumulaires trouvées dans le canton du Tessin et dans le Tyrol et sur lesquelles notre savant confrère Connestabild n'a pas hésité à reconnaître des caractères étrusques, en présumant que pour fuir l'invasion des Gaulois, quelques Etrusques s'étaient réfugiés dans les vallées alpestres où sans doute existaient déjà quelques populations de la même race.

Sans m'occuper plus longtemps de cette inscription très-peu lisible, je m'empresse de vous montrer F. Keller poursuivant avec son activité ordinaire et l'esprit de suite qui le caractérisent la recherche sur une vaste étendue de territoire des Speculæ, le long de la rive gauche du Rhin, depuis le lac 'de Constance. L'étude minutieuse du dernier tambour ou segment de la colonne Trajane, laquelle, comme vous le savez, Messieurs, représente les épisodes principaux de la guerre des Romains contre les Daces, lui a permis de retrouver les trois *Speculæ* figurées sur ce monument, lesquelles sont facilement reconnaissables aux torches qui font saillie à la partie supérieure de l'édifice et aux magasins de fourrages placés à côté de la tour, dans lesquels M. Frœhner, à l'exemple de Bartoli, veut reconnaître un bûcher dressé pour le service de la cavalerie et deux meules représentant le fourrage du même corps. Notre confrère a pu très-facilement et très-heureusement explorer les restes encore considérables des *Speculæ* romaines, lesquelles étaient placées de manière à communiquer entre elles et à pouvoir donner le signal de l'approche de l'ennemi, *per castella fuma facta.* Encore aujourd'hui le mode de construction des *Speculæ* de forme carrée, l'épaisseur et la hauteur de leurs murailles, la séparation du rez-de-chaussée en deux parties, sont faciles à distinguer ; il est probable qu'elles étaient entourées de palissades qui, nécessairement, ont dû disparaître sous les efforts du temps. Trois d'entre elles existent encore sur les bords du Rhin, savoir à Stein, sans doute l'ancienne Ganodurum, à Zurzach, *Tenedo* et à Augst, *Augusta Raurica.* Toutes les villes de la Suisse, auxquelles on attribuait autrefois une origine romaine, Schaffhausen, Eglisau, Kaiserstuhl, Lauffienburg, Sæckingen, Rheinfelden, n'offrent aucune trace de fortifications ou d'établissements romains, Keller n'avait garde de négliger la question de savoir à quelle époque il faut faire remonter l'établissement de ces Speculæ. Sous Auguste, le cours du Rhin a été fortifié, depuis le lac de Constance jusqu'à son embouchure dans le Rhin. *Augusta Raurica* a été fondée l'an 44 avant Jésus-Christ ; un passage de Tacite sur la bataille livrée par les Helvètes au légat de l'empereur, *Vitellius,* Cœcina, autorise Keller à reconnaître dans *Tenedo,* le castellum que les Helvètes avaient fini par abandonner après l'avoir occupé ; cette Specula aurait donc été élevée dans la première moitié du premier siècle de notre ère et rien n'empêche d'attribuer la même date au poste d'observation de *Stein.* Ces postes ont été momentanément abandonnés, au moment où les frontières de l'empire romain furent reculées jusqu'au Danube, puis rétablis sous le règne de Dioclétien et de Maximien ; enfin sous le règne de Valentinien, les *Speculæ* ont dû être comprises au nombre des fortifications permanentes élevées pour protéger plus efficacement les rives du Rhin contre les barbares ; au surplus, l'examen des ruines actuelles montre qu'elles ont subi plusieurs restaurations. Zosime n'a t-il pas dit, en parlant de Dioclétien, qu'il a protégé l'empire, *oppidis, burgis et turribus.* Cette exploration savante des *Speculæ* par

M. Keller ne s'est pas arrêtée là, car, aidé par plusieurs personnes auxquelles il a communiqué son ardeur pour la science, il a pu, dans le cours de l'année dernière, compléter l'étude de ces monuments du génie guerrier de Rome ; il en a découvert d'autres dans la partie inférieure du lac de Constance, notamment auprès de Steckhorn, de Martalen, d'Ellikon, à Ebersberg, au Rheinsberg, à Weiach, à Rümikon, à Mellikon, auprès de Reckingen, entre Rietheim et Koblenz, à Schwaderloh, au-dessus de Kaisten, à Kaisten même, à Sisseln, à Stein, à Niedermumpf, Unterwallbach, Oberschworstadt, à Niederschworstadt, à Ryburg, Riedmatt, auprès de Bâle, conséquemment dans plus de vingt-trois endroits différents. C'est, comme vous le voyez, Messieurs, presque une monographie de ce genre de constructions militaires, entreprise et poursuivie avec un zèle infatigable et les plus heureux résultats par notre correspondant. Le même antiquaire a décrit dernièrement une urne cinéraire trouvée à Ellikon, laquelle porte une inscription tracée en caractères en relief autour de la panse, comme dans le croquis ci-joint. M. Keller est tenté d'y lire *Atilius fecit*, un oiseau en occupe le centre ; mais cette leçon me paraît douteuse.

« Dans les deux villages d'Erlinsbach, dont l'un appartient au canton de Soleure et l'autre au canton d'Argovie, des explorateurs zélés ont mis au jour des substructions romaines importantes, notamment un pavé en mosaïques, des murs recouverts de peintures décoratives, un hypocaustum, dont les fondations reposent sur des bases carrées construites en briques.

« A Seeb, auprès de Bulach, canton de Zurich, situé dans une plaine riche en monuments celtiques, en refuges, on a rencontré dans des restes d'habitations romaines, sans doute de quelque villa, des tuiles faîtières, lesquelles portent la mention des xi° et xxi° légions, elles ont dû être fabriquées conséquemment sous le règne de Claude ; des monnaies romaines de Valentinien, des objets en fer et en bronze, une petite statuette d'Hercule, tout annonce que cet endroit a été longtemps habité à l'époque romaine.

L'objet le plus important rencontré dans les fouilles qui y ont été pratiquées, est un fragment malheureusement trop mutilé d'une statue colossale en bronze, c'est un morceau de draperie dont l'épaisseur ne dépasse pas trois millimètres. En poursuivant les mêmes fouilles on arrivera peut-être à retrouver le reste de la même statue.

« A Chézard, au val de Ruz, canton de Neufchâtel, et bien évidemment sur l'emplacement d'une ancienne habitation romaine, la pioche a mis au jour des marbres étrangers ou nationaux, des tuiles, des mosaïques, des fragments de poterie, et notamment un tesson d'un vase recouvert d'un émail vernissé, lequel paraît semé de paillettes d'or.

« Dans le canton de Vaud, des réparations faites au temple protestant de Baulmes, peut-être l'ancienne Abiolica, ayant amené le déplacement du piédestal de la chaire, on a reconnu que ce piédestal n'était autre qu'un autel antique dédié à Apollon, *Apollin*. IVLIA FESTLA. Dans les antiquités d'Yverdun figure une inscription votive décernée à la mémoire d'une Julia Festilla. Suivant une conjecture assez heureuse, cette Festilla aurait appartenu à la famille des Camillus, dont le nom se rencontre sur neuf inscriptions romaines découvertes sur toute l'étendue de la Suisse. Au pied du Jura des indices manifestes de voies romaines dans les environs d'Orbe montrent que les Romains avaient laissé là, comme ailleurs, des traces ineffaçables de leur passage ; ces voies romaines portaient autrefois le nom de Chemins de la reine Berthe, analogue à celui des chemins de la reine Brunehault. Dans le Jura bernois on vient de constater l'existence de chemins à rainures, lesquelles ne sont pas le résultat de l'usure, occasionnée par le passage des voitures, mais sont évidemment le produit du travail de l'homme.

« Sur le grand Saint-Bernard on a trouvé tout récemment une figure de gorgone en marbre de Carrare, de travail romain, laquelle paraît avoir été coloriée ; les serpents, qui d'ordinaire accompagnent la tête de Méduse, sont remplacés par une rangée de perles et les traits de cette tête sont empreints d'une grande mansuétude.

« Une médaille d'or de Tibère, quelques bagues antiques ou modernes du même métal récemment découvertes ne doivent pas nous arrêter, mais avant de passer aux monuments du moyen-âge, je veux mentionner la trouvaille récente faite à Baden-Baden, près de Zurich, de bronzes magnifiques, dont j'espère pouvoir mettre des photographies sous les yeux de la Société, dans quelques jours, avant que ces bronzes n'aient été décrits et figurés par notre confrère F. Keller.

Monuments écrits et figurés appartenant au moyen-âge.

« Une fouille pratiquée récemment sous l'âtre d'une grange incendiée à Cudrefin, petite ville du Vully, canton de Neufchâtel, a mis à la lumière environ 600 monnaies en or, argent et billon. Ces pièces, remarquables par leur conservation, sont presque toutes suisses et remontent aux xvie et xviie siècles. La plus récente n'est pas postérieure à 1619. Parmi les pièces étrangères figurent un écu d'or de Charles VIII, roi de France, un ducat d'Etienne, roi de Pologne, avec la date de 1586, et une pièce turque en or, nommée Funduk, au nom d'Ahmed, fils de Mohamed III (1603 à 1617).

« L'histoire de la peinture à fresque dans les contrées septentrionales de l'Europe est encore à faire, et malheureusement, si l'on ne se hâte pas de l'entreprendre, la plupart des peintures murales auront disparu avant qu'elles n'aient pu être décrites. Voici une nouvelle page à ajouter à l'histoire d'un art qui a brillé en Italie d'un éclat incomparable, c'est l'existence constatée tout récemment d'une reproduction de la célèbre Cène de Milan, ouvrage de Léonard de Vinci à Sainte-Marie-des-Grâces qui n'existera bientôt plus que dans les gravures qui la reproduisent. Cette reproduction attribuée, par les uns à Luini, par les autres à Marco d'Oggione, se trouve en Suisse, dans l'église de Ponte-Capriaca, canton du Tessin, assez bien conservée. Elle a été très-récemment étudiée par le professeur Rahn, et mériterait assurément d'être sauvée de l'abandon et de l'oubli dans lesquels elle se trouve depuis longtemps. Le même professeur, qui occupe la chaire de l'histoire des beaux-arts à l'université de Zurich, vient de publier au commencement même de l'année dans laquelle nous sommes, une dissertation très-intéressante sur les peintures murales existantes dans l'église de Sillis, canton des Grisons, lesquelles remontent au xiie ou au xiiie siècle. Ces peintures murales sont, sans contredit, les plus anciennes de la Suisse, pays qui·cependant offre dans différentes localités des cantons de Zurich, des Grisons et surtout du Tessin, des peintures du même genre, mais beaucoup moins anciennes. Zillis appartient au canton des Grisons et se trouve non loin d'Anders, sur la route du Splugen, c'est le premier endroit qu'on rencontre en venant de Thusis, après avoir passé la via Mala, cette vallée si chère aux amateurs des beautés pittoresques. L'église qui renferme les peintures murales en question est en grande partie romane, et le plafond de cet édifice, qui doit appartenir à la fin du xiie ou au commencement du xiiie siècle, se trouve divisé en 153 caissons, dont quelques-uns sont occupés par des peintures très-médiocres, ayant remplacé les plus anciennes. Les sujets représentés dans les autres forment deux classes principales; à la première appartiennent les monstres et les êtres fabuleux à têtes tantôt humaines et à membres d'animaux centaures, tantôt à têtes d'animaux et à membres de poissons, tels que sanglier, éléphant, licorne, béliers, canards, terminés en poisson, personnages infernaux et angéliques. La seconde classe, laquelle occupe 105 caissons, se compose de compositions dont les sujets sont presque tous empruntés au Nouveau-Testament, tels que l'annonciation, la naissance du Christ, l'apparition de l'ange auprès des bergers, le Christ enseignant les docteurs, l'adoration des rois, conduits par un ange, la fuite en Egypte, le massacre des innocents, les noces de Cana, etc., etc. Il n'est pas douteux que l'auteur ou les auteurs de ces peintures n'aient emprunté quelques-unes des scènes qu'ils ont représentées aux récits bibliques connus sous le nom mérité, ou non d'apocryphes, aux évangiles, de la naissance de Marie, de l'enfance du Christ; c'est ainsi qu'on trouve figuré à Zillis le miracle attribué au Christ enfant, lequel, après avoir joué avec ses jeunes camarades à modeler avec de l'argile de petits animaux, des ânes, des taureaux, des oiseaux, commanda à ces animaux de marcher et de voler, et bientôt, à la profonde stupéfaction de ses jeunes camarades, les animaux se mirent à marcher, à voler, et après s'être éloignés, revinrent bientôt accepter leur nourriture des mains du divin enfant. Je m'arrête dans l'énumération de ces curieuses peintures qui sont entre les mains du graveur et dont je me propose de soumettre les gravures à l'examen de notre Société dès qu'elles seront terminées; elles méritent à coup sûr, malgré les dégradations qu'elles ont subies, toute l'attention des archéologues, à cause des problèmes qu'elles soulèvent, ne fût-ce que sous le rapport des costumes qui rappellent l'antique ou tout au moins l'art byzantin.

« Je termine mon exposé des principales découvertes archéologiques de nos sympathiques voisins, par l'analyse rapide d'une lettre de grâce et de réconciliation écrite sur parchemin avec scel, dans le dialecte de la Suisse occidentale, durant l'année 1521; aux termes de cette lettre, Petit Jean Keller, de Fisibach, auteur d'un meurtre sur la personne de Jean Mogkli de Schleinikon, se trouve réconcilié avec les héritiers du mort et même avec son âme, par l'intermédiaire des hauts seigneurs de Zurich et de Regensberg. Ce traité de paix et d'apaisement est signé en présence de huit témoins, le 23 avril de l'année ci-dessus citée, le mardi de la Saint-Roch. Aux termes de cette convention, le meurtrier s'engage à faire célébrer le jour anniversaire du service des 30 jours écoulés depuis la mort, suivant l'usage local, par 30 prêtres et 30 assistants, chacun devant offrir 4 haller, petite monnaie de cuivre; élever une croix en pierre, haute de 4 pieds, large de deux, sur la place où le meurtre a eu lieu, c'est-à-dire sur le chemin public; à donner à chacun des enfants du mort 200 livres et, à partir de la Saint-Martin 1522, en payer l'entretien, le logement et la nourriture. Il doit céder partout le pas aux parents de Mogkli, quel que soit leur nombre ; si cependant le meurtrier est entré le premier au cabaret, les parents du défunt peuvent à leur choix y entrer à leur tour ou s'en éloigner.

« Enfin, le meurtrier s'oblige à ne jamais hanter, ou aû moins habiter le Wehn Thal, dans lequel le meurtre a été commis. La lettre est scellée du sceau du grand bailli de Regenberg, lequel, de concert avec les hauts seigneurs de Zurich, participe à l'acte de réconciliation qui mériterait d'être publié *in extenso*. »

Séance du 17 Janvier.

Présidence de M. Boutaric, président.

Correspondance.

M. Lewis, fellow et bibliothécaire de *Corpus Christi college* à Cambridge, écrit pour demander à être nommé associé correspondant étranger ; ses présentateurs sont MM. Nicard et Wescher. Le Président désigne MM. Guérin, Heuzey et Perrot pour former la commission chargée de faire un rapport sur la candidature de M. Lewis.

Travaux.

M. Heuzey communique à la Société, au nom de M. Lewis, du collége de *Corpus Christi* à Cambridge, la photographie d'une statuette de bronze incrustée d'argent, trouvée à *Earith*, dans le comté de *Huntingdon*, non loin d'une ancienne position romaine appelée encore aujourd'hui *the Bulwark*. Cette figure, haute de 20 centimètres, qui a été acquise par le *British Museum*, présente à première vue les caractères qui font ordinairement reconnaître le dieu Mars : l'armure complète de l'hoplite, un casque de l'ancienne forme αὐλῶπις, une cuirasse et des cnémides ; la position du bras fait voir en outre qu'ils ont dû s'appuyer sur une lance et sur un bouclier, qui manquent. Mais un attribut nouveau dans les représentations de ce genre est l'image de la foudre qui orne le devant des cnémides. Ce détail, mis en rapport avec l'aspect de la barbe et de la chevelure, a conduit M. Lewis à une conjecture ingénieuse et savante, qu'il a développée dans un article des *Proceedings of the Society of the Antiquaries* (2 juin 1870). Rapprochant le bronze d'Earith d'une médaille de la ville d'Iassos, en Carie, au type d'Hadrien laquelle porte au revers un dieu armé de toutes pièces, avec la légende Ζεὺς Ἄρειος, il cite plusieurs exemples, en Asie et en Grèce, de ce culte d'un Jupiter guerrier, dont l'origine doit se rattacher à l'ancien Ζεὺς Στράτιος des Cariens. D'après ces autorités, M. Lewis est disposé à reconnaître dans la figure qu'il a publiée une représentation du *Zeus-Areios*, en même temps qu'un ouvrage d'origine grecque. — M. Heuzey, en rendant hommage à la sagacité érudite de ces observations, pense cependant qu'il y a de bonnes raisons pour laisser l'attribution du monument au dieu Mars. D'abord, s'il est vrai que le caractère de la tête rappelle à certains égards le type de Jupiter, il se rapproche plutôt des figurines de bronze dans lesquelles les antiquaires ont reconnu le type du Jupiter gaulois, ce qui indiquerait le produit d'une fabrique occidentale, sans aucun rapport avec la Grèce. D'un autre côté, le nom de *Marspiter*, donné par les Romains au dieu de la guerre, suffit pour expliquer les ressemblances qui paraissent exister dans la coiffure et dans la barbe avec le type consacré de Jupiter. Quant à l'attribut de la foudre, il fait naturellement penser aux légions romaines, qui le portaient comme *épisème* sur leurs boucliers. Placé sur les cnémides, cet emblème peut exprimer la marche foudroyante du dieu que les Romains honoraient aussi sous le titre de *Gradivus*. Il ne faut pas oublier surtout que dans l'ancienne religion des Etrusques, Mars était compté au nombre des neuf divinités qui lançaient la foudre, et que, même au temps de Pline, on regardait comme une émanation de l'*astre* de Mars les foudres dont la chute était suivie d'incendie *fulmina cremontia* (Pline, *Hist. nat.* II, 53).

M Bertrand annonce que M. Bulliot, associé correspondant à Autun, vient de faire un nouvel envoi au Musée de Saint-Germain d'objets recueillis dans les fouilles qu'il continue avec succès au Mont-Beuvray. Cet envoi comprend un vase à couverture noire ainsi qu'une soucoupe et un fragment portant des inscriptions tracées en lettres grecques à la pointe. M. Bertrand profite de cette occasion pour donner le calque de toutes les inscriptions de ce genre déjà relevées sur les poteries provenant du Mont-Beuvray (Voy. pl. 1). Il présente un vase presque intact, de fabrication très-fine, couvert en partie de dessins quadrillés rouges sur fond gris et ayant le goulot peint en rouge. Le vase se distingue nettement de tous les vases gaulois connus jusqu'à ce jour.

M. Pol Nicard, donne lecture d'un mémoire manuscrit envoyé à la Société par dom Chamard, bénédictin de l'abbaye de Ligugé. Ce religieux, reprenant la thèse de l'évangélisation de la Gaule au premier siècle, réclame contre la valeur que M. Jules Quicherat, dans la séance du 6 juillet 1870, a attribuée à la borne milliaire du Moutier-d'Ahun comme preuve négative de la contemporanéité de saint Martial de Limoges avec les apôtres.

Après la lecture de cet écrit, M. Léopold Delisle prend la parole à propos d'un passage où son témoignage a été invoqué. Il déclare n'être jamais entré dans le débat relatif à l'apostolicité de saint Martial. Sa part s'est bornée à signaler des litanies anglo-saxonnes du xie siècle, dans lesquelles saint Martial est mis au même rang que les apôtres.

M. Quicherat expose ensuite l'état de la question. Il s'applique à faire ressortir la différence qu'il y a entre les documents sur lesquels a porté jusqu'ici le débat et le nouvel élément de critique introduit par M. de Cessac, l'auteur dont il s'est borné à rapporter les conclusions. Il s'agit d'une pierre à laquelle une tradition d'Ahun soutenait que saint Martial avait été attaché et battu de verges. Or, cette pierre fut dressée sous le deuxième consulat de Gordien (c'est-à-dire l'an 241 de notre ère) ainsi que l'atteste une inscription qu'on y lit encore. Si donc saint Martial fut attaché après une pierre dont la pose ne date que du milieu du troisième siècle, saint Martial n'est pas contemporain de Jésus-Christ. Vainement on accumulerait les citations pour infirmer la rigueur de cette déduction. L'unique moyen d'annuler le témoignage de la borne d'Ahun serait de prouver que la tradition qui la rattachait à saint Martial n'a pas de racine dans l'antiquité. Mais c'est ce qui n'est pas, puisqu'on reconnaît que déjà au xie siècle, lorsque commença le débat au sujet de l'apostolicité, ceux mêmes qui combattirent pour cette cause ne contestèrent pas la tradition relative à la borne.

M. Quicherat conclut au dépôt du mémoire de Dom Chamard dans les archives de la Société.

M. l'abbé Cochet, associé-correspondant, présent à la séance, regrette que d'une question toute scientifique on en ait fait une question religieuse et toute de piété. On discute avec la science : on respecte la piété.

« Pour lui qui a beaucoup étudié les monuments du sol, il assure n'avoir pas connu, dans le pays qu'il habite, des monuments chrétiens que l'on puisse attribuer aux deux premiers siècles. Il ne demande pas mieux que de voir.

« Il expose ensuite que l'esprit de critique lui paraît avoir fait défaut dans les choses liturgiques et hagiographiques ; ainsi à Rouen, tant que dura l'ancienne liturgie locale, saint Nicaise, qui est considéré comme l'apôtre de ce diocèse, était placé au iiie siècle ; c'est du reste l'opinion des Bollandistes qui prouvent un excellent esprit en faisant martyriser ce saint sous Dioclétien plutôt que sous Domitien.

« Mais en 1861 lors de l'introduction de la liturgie romaine dans le diocèse, on a fait subir à saint Nicaise une évolution rapide : d'un seul bond on l'a placé au i^{er} siècle et on l'a fait envoyer par saint Clément. De plus on le qualifie d'apôtre de Neustrie.

« J'ai réclamé auprès de Mgr l'archevêque de Rouen à propos de ce titre d'apôtre de Neustrie. « La Neustrie, disais-je, ne date que du viie siècle. Frédégaire est, je crois, le premier écrivain qui en parle, je pense même qu'il n'en est pas question dans Grégoire de Tours. Comment donc conférer à saint Nicaise le titre d'apôtre d'une contrée qui n'existe pas encore ! »

« Mgr déclara bien franchement qu'il ne connaissait pas les motifs du changement chronologique ni la raison du titre, puis il ajouta : « Mais de quel pays est-il donc l'apôtre? » Je lui répondis que ce ne pouvait pas être de la seconde lyonnaise qui correspondait à l'ancienne province de Normandie, la seconde lyonnaise n'ayant existé que sous Dioclétien. Si l'on tenait absolument à donner à saint Nicaise un titre apostolique, il fallait l'appeler simplement l'apôtre des Véliocasses dont Rouen était la cité. Saint Nicaise se dirigeait vers Rouen quand il fut martyrisé dans le Vexin, au village de Gasny, que l'on considère comme appartenant aux Véliocasses. »

Un membre fait observer qu'il lui semble avoir ouï dire que, primitivement saint Nicaise était placé au Ier siècle dans le Propre du diocèse de Rouen. Plus tard on aurait réformé le bréviaire et le saint serait passé au IIIe siècle. L'évolution signalée par M. l'abbé Cochet, dans cette hypothèse, ne serait qu'un retour à l'ancienne liturgie.

Séance du 7 Février.

Présidence de M. Léopold Delisle, vice-président.

Correspondance.

M. le président donne lecture d'une lettre de M. Sansas, député de la Gironde à l'Assemblée nationale et conservateur du Musée de Bordeaux, se portant candidat au titre d'associé correspondant national de la Société des Antiquaires de France. Les présentateurs sont : MM. de Longpérier et Léopold Delisle. Sont nommés membres de la commission chargée d'examiner les titres du candidat : MM. Charles Robert, Henry Michelant, Edmond Le Blant.

MM. les secrétaires-généraux du Congrès scientifique de France annoncent que la 38ᵉ session de ce congrès s'ouvrira à Saint-Brieuc le 1er juillet 1872.

Travaux.

Il est donné lecture du rapport de la commission chargée de présenter un rapport sur la candidature de M. Julliot; on passe au scrutin et M. Julliot, ayant obtenu le nombre de suffrages exigé par le règlement, est proclamé
associé correspondant national à Sens.

La Société entend ensuite un rapport sur la candidature
de M. Tartière. Il est procédé au vote et M. Tartière ayant
obtenu la majorité des suffrages est proclamé associé correspondant national à Mont-de-Marsan.

La Compagnie entend ensuite la lecture du rapport sur
la candidature de M. Léon Pigeotte. A la suite de cette
lecture, on procède au vote. M. Léon Pigeotte ayant obtenu
la majorité des suffrages, est déclaré associé correspondant
national à Troyes.

Séance du 14 février.

Présidence de M. Boutaric, président.

Correspondance.

M. Hennebert, commandant du génie à Amiens (Somme),
écrit pour remercier la Société du titre d'associé correspondant national qui lui a été conféré.

Travaux.

Il est donné lecture du rapport de la commission chargée d'examiner la candidature de M. Lewis (de Cambridge)
au titre d'associé correspondant étranger. On procède au
vote. M. Lewis, ayant obtenu la majorité des suffrages, est
déclaré associé correspondant étranger de la Société des
Antiquaires de France.

M. Pol Nicard fait passer sous les yeux de la Société un
instrument de paix, de forme gothique, en cuivre doré,
entouré de cabochons. Au centre, sur un fond émaillé, se

détachent les images des trois Maries. Au dos, on lit une inscription datée de l'an 1455 et rappelant que cette paix a été donnée par « Jehan Lebarbier orfèvre à la confrairie des trois Maries dont sa fille tenoit le baston » en l'église des Carmes de Paris.

M. Quicherat met sous les yeux de la Société le dessin d'une estampille de potier empreinte sur une brique romaine trouvée à Arles et appartenant à M. Blancard, archiviste du département des Bouches-du-Rhône. Cette marque consiste en un médaillon échancré dont la surface est partagée par des filets en trois cercles concentriques. Le cercle central et le premier bandeau qui l'enveloppe contiennent l'indication du consulat de Pœtinus et Apronianus (an de J.-C. 123). C'est une date dont il y a de nombreux exemples ; mais la légende du fabricant, qui consiste en un nom propre ABASCANTUS suivi des abréviations CN. DO. TRO, est remarquable par sa nouveauté. — La Société décide que le dessin de M. Quicherat et la note à l'appui prendront place au Bulletin (Voy. pl. 1).

Une autre communication est faite par M. Quicherat de la part de M. Aug. Chassaing, secrétaire de la Société académique du Puy, candidat au titre d'associé correspondant national de notre compagnie. C'est le texte d'une épitaphe du VIᵉ siècle, qui était datée d'un règne dont l'indication a été enlevée par une cassure.

Ce texte est infiniment précieux en ce qu'il contient un nom de lieu, genre d'indication qui n'est pas admis d'ordinaire dans l'épigraphie chrétienne.

Le monument consiste en une pierre de petite dimension trouvée à Lezoux (Puy-de-Dôme), ancienne localité de l'Auvergne nommée *Ledoso vico* sur des monnaies qui y furent frappées à l'époque mérovingienne.

INH°CTH°M°
L°QVIES
CETB°NEMEM°
RICESARIVSVIx

ETINLENTIN°ANN
VSLXXXTRANSSI   •
»»»»»ETERCI°K
»»»»»»»»NN°   •
» » » » » » » »

Ainsi le personnage inhumé à Lezoux avait passé sa vie
dans un lieu nommé *Lentinum*. M. Chassaing conjecture
avec beaucoup de vraisemblance que ce nom doit s'appliquer à Lempsy, village situé à 5 kilomètres de Lezoux. *Lentinum*, en français *Lentin*, serait prononcé *Lenti* dans tous
les dialectes méridionaux. Comme on n'a encore trouvé
dans aucun texte ancien la forme latine de Lempty, il est
très-légitime de supposer que l'orthographe dont on l'a
affublé est de pure fantaisie; on aura mal à propos assimilé ce nom avec celui de la ville voisine de Lempdes. Ce
serait un nouvel exemple à ajouter à ceux que M. Quicherat a cités, dans son *Traité de la formation française des
noms de lienx*, pour établir jusqu'à quel point l'ortographe
moderne rend méconnaissable parfois l'étymologie de ces
noms.

M. Nicard continue la première lecture de son mémoire
sur les sculpteurs crétois *Dipœnus* et *Scyllis*.

Séance du 21 février.

Présidence de M. Boutaric, vice-président.

Correspondance.

La Société apprend avec regret la mort de M. Paul Tour-
nal, associé correspondant national pour le département
de l'Aude, décédé à Narbonne, le 12 février dernier, à l'âge
de 67 ans.

Travaux.

La Société entend la lecture du rapport de la commission
chargée de présenter des conclusions sur la candidature de

M. Aug. Chassaing. Il est procédé au vote et M. Aug. Chassaing, ayant obtenu la majorité des suffrages, est proclamé associé correspondant national de la Société des Antiquaires de France au Puy.

M. Anatole de Barthélemy place sous les yeux de la Société un groupe de monnaies envoyées par M. Parrocel, associé correspondant à Marseille, parmi lesquelles se trouve une pièce de Tarse assez curieuse. Ces monnaies accompagnaient l'envoi d'un buste romain offert par M. Parrocel à la Société, et signalé dans une des précédentes séances.

M. de Barthélemy communique ensuite deux vases galloromains portant des inscriptions latines en relief. L'une de ces inscriptions est ainsi conçue : VENI AD ME AMICA. Sur l'autre vase on lit : REMIS FELICITER. L'envoi d'un troisième vase, portant également une inscription latine GABALIBVS FELICIT, est annoncé.

M. Georges Perrot lit, au nom de M. Albert Dumont, une note sur un bronze archaïque trouvé dans un village de la Haute-Albanie, à une heure au N.-E. de Scutari. Cette note est accompagnée d'un dessin de M. Clément Chaplain, représentant la figure de face et de profil.

M. Aug. Chassaing, associé correspondant, présent à la séance, signale l'existence, dans le département du Puy-de-Dôme, d'un vase votif en argent, découvert il y a une trentaine d'années dans une carrière de sable, près de la rivière d'Allier, commune de Crevant. Au fond de ce vase, on lit en caractères tracés à la pointe l'inscription suivante : MARTI RANDOSATI BASSINVS BASSVLI F.V.S.L.M. C'est une nouvelle divinité topique à ajouter à celles qui ont été signalées sur divers points de la Gaule. Comme le lieu où le vase était enfoui est voisin de *Randan*, chef-lieu de canton de l'arrondissement de Riom, dont l'existence antique est attestée par de nombreux débris gallo-romains, M. Chassaing se demande si l'ethnique RANDOSATI ne se rapporterait pas à cette localité de Randan.

M. Quicherat communique à la Société le dessin d'une petite plaque d'argent à l'état de fragment, trouvée à la Roque-d'Antheron (Bouches-du-Rhône), avec d'autres objets qui composaient le bagage funéraire d'un enfant, car ces objets consistaient en une bulle d'or à pendre au cou et en petits animaux d'ambre sculpté. La délicatesse du travail indiquait la plus belle époque de la civilisation romaine (pl. 1).

La plaque, dont nous reproduisons la figure, avait été comme déchirée d'après un disque découpé dans une feuille de métal très-mince. Elle portait une inscription gravée à la pointe dans le genre d'écriture propre aux *graffiti*. M. Quicherat n'a pu déchiffrer avec certitude que les dernières lettres qui forment le mot *duinn* et peut-être *anduinn*. Il lui semble que cela suffit pour faire reconnaître une inscription en langue celtique. Elle se rapporte, selon toute vraisemblance, à ces formules d'exorcisme mentionnées par Marcellus Empiricus, que les gallo-romains portaient sur eux comme remède à certaines maladies. La Société n'a pas oublié l'amulette du même genre, trouvée à Poitiers dans un état parfait de conservation et sur laquelle son attention fut appelée il y a quelques années.

M. Augier, premier attaché au cabinet des Antiques de Marseille, était le possesseur de tous les objets recueillis à la Roque-d'Antheron. C'est chez lui que M. Quicherat en prit connaissance, en 1870 : mais notre confrère vient d'apprendre que depuis lors ils ont été dérobés.

Séance du 6 mars.

Présidence de M. Boutaric, président, et de M. Léopold Delisle, vice-président.

Correspondance.

M. le Président annonce la mort de M. Camille Ragut, associé correspondant national à Mâcon, archiviste du département de Saône-et-Loire.

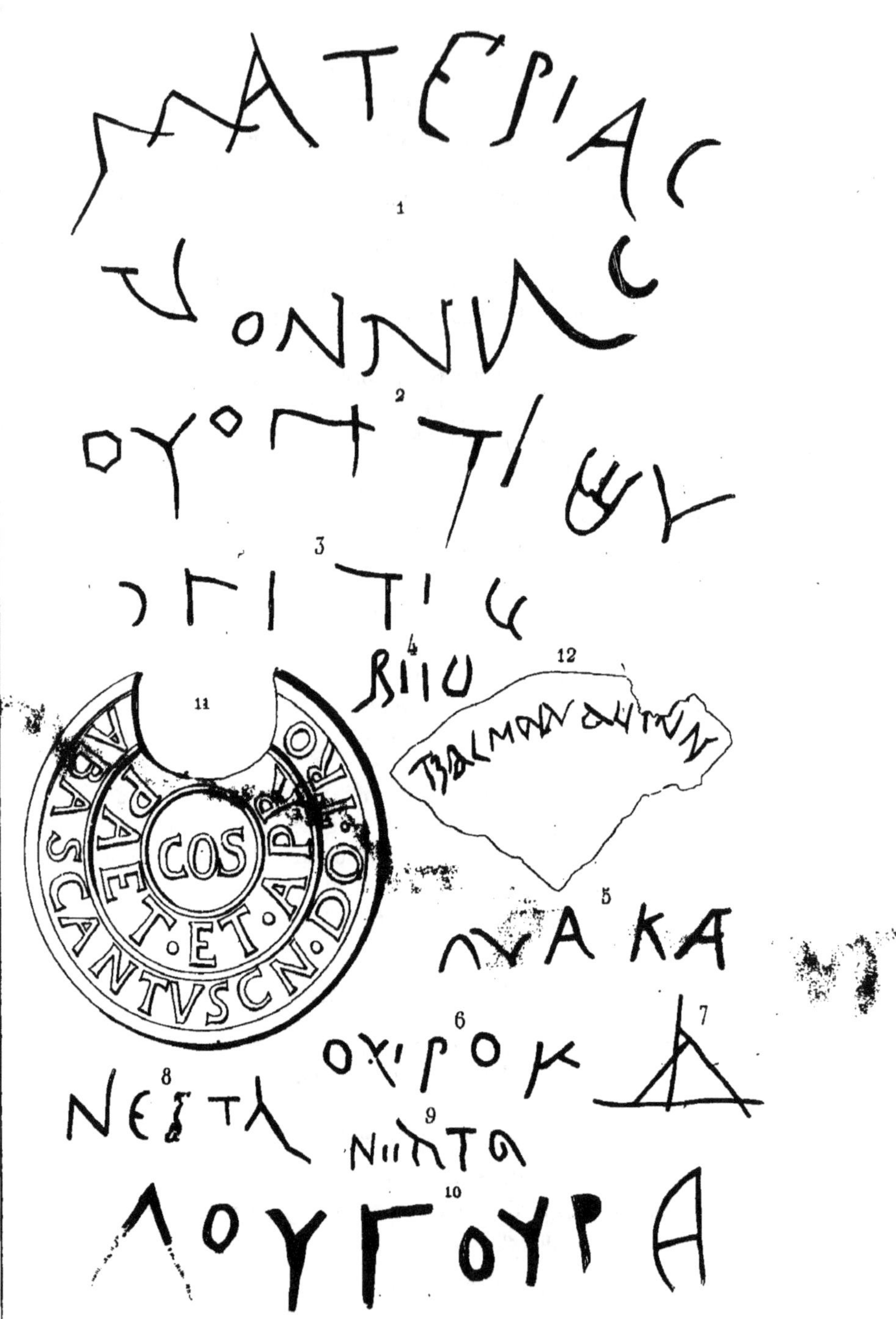

1 à 10. *Inscriptions de poteries du Mont Beuvray. Bull. 1872 p. 69.*
11. *Estampille de potier. Id. p. 73.*
12. *Fragment de plaque en argent. Id. p. 76.*

Paris. Imp. Dumas-Vorzet, rue St Placide, 18.

Travaux.

La Société entend le rapport de la commission chargée d'examiner la candidature de M. Chautard, au titre d'associé correspondant national. Il est ensuite procédé au vote et M. Chautard, ayant obtenu la majorité des suffrages, est proclamé associé correspondant national de la Société des Antiquaires de France à Nancy.

Il est donné ensuite lecture de la commission chargée d'examiner la candidature de M. Sansas. On procède au scrutin et M. Sansas, ayant obtenu la majorité des suffrages est proclamé associé correspondant national'à Bordeaux.

Sur la proposition de M. de Lasteyrie, et conformément à un ancien usage trop longtemps négligé, la Société, dans une de ses précédentes séances, avait décidé qu'il lui serait rendu un compte spécial des derniers et importants envois de la Société des Antiquaires de Londres. M. de Lasteyrie lui-même avait été prié de se charger de ce soin. Il s'en acquitte aujourd'hui en présentant le rapport dont l'analyse suit :

« Les publications qui en font l'objet consistent en deux demi-volumes de l'*Archœologia*, à savoir la seconde moitié du tome 40 et la première moitié du tome 43, plus deux numéros du Bulletin.

« Tout le monde sait avec quel luxe de planches et de typographie est éditée l'*Archœologia*, l'extrême variété et l'intérêt des mémoires dont se compose cette belle collection. Les derniers volumes publiés ne sont en rien inférieurs aux précédents.

« Le tome 40 témoigne du zèle avec lequel le sol de la Grande-Bretagne a-été exploré dans ces dernières années. On y trouve le compte-rendu fort intéressant de diverses fouilles exécutées à Londres même pour y rechercher des traces de substructions romaines, à Chester, à Silchester, et enfin près de Plymouth où ont été découvertes des sépultures et même des objets en bronze remontant à l'époque britano-romaine, si ce n'est même à l'époque purement celtique. Le même volume contient également le compte-rendu, avec planches d'autres fouilles, faites à Malte, qui ont mis au jour de fort anciennes tombes taillées dans le roc; puis un curieux inventaire du mobilier d'un lord-maire de Londres au seizième siècle et enfin un mémoire en français sur une statue de Guillaume-le-Conquérant, par notre compatriote et confrère M. l'abbé Cochet.

« La première partie du tome 43 se fait encore plus remarquer par l'intérêt des sujets traités et par l'admirable exécution des planches qu'elle renferme. Dès les premières pages, on y trouve, entre autres, une reproduction en chromo-lithographie d'un portrait d'Éléonore de Portugal, qui est une petite merveille en son genre. On peut en dire autant des planches en taille douce qui accompagnent le mémoire de miss Stockles sur deux antiquités irlandaises infiniment curieuses, la châsse de saint Maedoc et le reliquaire de saint Molaise. Dans le même volume, on remarque encore l'inventaire de diverses maisons religieuses d'Angleterre au moment de leur suppression, sous le règne d'Henri VIII; un mémoire sur des pierres runiques scandinaves dont les inscriptions semblent se rapporter à Canut-le-Grand, et enfin un mémoire de M. Parker (d'Oxford), qui, par son sujet même, commande spécialement notre attention. L'éminent archéologue dont le nom est presque aussi connu chez nous que dans son propre pays, soutient depuis longtemps déjà cette thèse que l'architecture gothique a pris naissance en Angleterre. L'objet de son dernier mémoire, il le dit lui-même en commençant, est de repousser les prétentions que la France pourrait avoir à une antériorité quelconque sous ce rapport. Pour arriver à cette fin, M. Parker recourt, il est bon de le constater, à un singulier mode d'argumentation. Selon lui, les archéologues français donneraient l'église abbatiale de Saint-Denis pour le plus ancien des monuments gothiques de leur pays, en attribueraient la fondation à l'abbé Suger, et considéreraient celui-ci comme le véritable inventeur du style gothique. Partant de là, l'auteur anglais démontre avec beaucoup de lucidité que l'abbé Suger n'est pour rien dans la majeure partie de la construction de Saint-Denis, particulièrement dans celle qui porte les caractères spéciaux du style si improprement appelé gothique. En d'autres termes, après avoir prêté aux archéologues français une opinion tout à fait inacceptable qu'ils n'ont jamais eue, il se donne le facile plaisir d'en triompher par des arguments assurément fort bons. Cette réfutation d'une doctrine qui n'a jamais eu cours parmi nous, ne prouve et n'avance en rien la question. Mais nous lui devons du moins une intéressante étude, accompagnée de charmants dessins, sur une de nos plus célèbres basiliques.

« Il va sans dire que les numéros du Bulletin, des *Proceedings*, comme on les appelle, ne renferment pas des travaux aussi considérables que les volumes de l'*Archœologia*. Toutefois on trouve encore à glaner çà et là dans ce compte-rendu sommaire des séances de la Société. Les derniers cahiers reçus renferment d'intéressantes communications sur les antiquités du Chili ; une bonne notice de l'infatigable abbé Cochet sur les confessionnaux ; et des observations aussi savantes qu'ingénieuses de M. Franks à propos d'un nouveau vase de bronze émaillé de travail romano-celtique, découvert dans des fouilles récentes. »

En terminant le rapport qui lui avait été demandé par la Société, M. de Lasteyrie insiste pour que ce retour à un ancien usage presque tombé en désuétude ne soit pas un fait exceptionnel et pour que, désormais, les publications d'une importance réelle adressées à la Société soient habituellement l'objet de rapports du même genre.

M. Pol Nicard met sous les yeux de la Société une gravure malheureusement très-médiocrement exécutée, d'un groupe en bronze, lequel servait de poids à une balance romaine trouvée dans une niche pratiquée dans le mur d'une habitation antique découverte l'année dernière à Baden, canton d'Argovie, en Suisse, l'antique Vindonissa, avec un très-grand nombre d'instruments en métal, recueillis en même temps, à la suite de fouilles pratiquées pour asseoir les fondations d'un lavoir par un aubergiste de cette localité, et dont M. P. Nicard avait précédemment entretenu la Société. « Ce groupe se compose d'une figure d'homme dont les traits caractérisent bien évidemment un personnage grotesque et un animal appartenant à la famille des cerfs ; le personnage en question est représenté monté sur cet animal avec les bras levés et les mains fermées, tenant peut-être les bouts du manteau dont il est vêtu ou des rênes attachées à un immense phallus ; ses traits sont moins grotesques que hideux et grimaçants, il fronce son nez camu et énorme, tire sa langue placée dans une bouche fendue jusqu'aux oreilles, les yeux sont évidés, ils étaient sans doute autrefois remplis avec de l'argent ou du plomb ; la tête très-déprimée est couverte d'un bonnet serrant étroitement les tempes, les cheveux forment des boucles assez courtes au-dessus du front et descendent en tire-, bouchons allongés sur le dos et disposés à des intervalles égaux sur le collet du vêtement dont le même personnage est revêtu. Ce vêtement consiste en une espèce de pourpoint serrant la taille, qui laisse les bras et les cuisses nus et dont l'étoffe est quadrillée. Entre le collet et le pourpoint un autre vêtement très-singulier, lequel descend sur le dos, et peut être facilement retiré, puisqu'il n'est attaché que par deux pointes à l'intérieur et à l'extérieur ; il se compose de plumes étagées comme la queue de certains oiseaux, si l'on détache ce manteau on aperçoit la partie postérieure des chausses du personnage, lequel est chaussé de bottes lacées. — Il est assez difficile de déterminer l'espèce d'animal qui lui sert de monture et dont le sabot est au surplus fendu. Des anneaux encore existants aux deux extrémités du manteau permettent de reconnaître que le poids en question pouvait être suspendu aux chaînes qui ont été découvertes en même temps. La fonte du bronze employé pour cette double figure est très-bien réussie ; elle peut bien avoir été une fantaisie, pure et simple d'un artiste romain, à moins qu'elle n'ait été la caricature de quelque barbare : tout le monde sait en effet que les Gaulois se trouvent représentés sur les monuments antiques tirant la langue en signe de mépris. »

M. Heuzey présente un fragment de vase provenant de l'île de Chypre. Ce fragment est le col d'une amphore de dimensions considérables, orné d'un sujet à figures humaines. Les personnages peints sur ce vase sont de style asiatique.

M. Perrot lit, au nom de M. Albert Dumont, une note sur un sarcophage chrétien provenant d'un cimetière romain existant à Salone, en Dalmatie. La communication de M. Dumont est accompagnée d'un dessin de M. Chaplain, représentant les trois faces sculptées du sarcophage. La Société décide qu'elle entendra une seconde lecture de ce travail.

Séance du 13 mars.

Présidence de MM. Boutaric, président, et L. Delisle, vice-président.

Travaux.

M. Ed. Flouest, associé correspondant national pour le département du Gard, présente, au nom de M. Ch. Dombre, ingénieur à Nîmes, l'épreuve photographique d'une cruche émaillée, trouvée en Camargue (Bouches-du-Rhône), entre Saint-Gilles et Arles, au Mas de la Furane, à 2 kilomètres environ du petit Rhône. Cette cruche a été découverte à une profondeur de 1^m 50 dans l'ancien limon alluvial du Rhône, lors de l'établissement de la voie ferrée d'Arles à Lunel. Il résulte de la discussion soulevée à ce sujet que cette cruche, supposée à tort sarrasine, peut être de la fin du xvie siècle.

M. Flouest donne ensuite lecture, en communication, de son mémoire sur une amphore sépulcrale découverte en 1869 au Mas d'Agon en Camargue.

M. Demarsy, associé correspondant national à Compiègne, communique à la Société la photographie d'une dalle tumulaire conservée actuellement au Musée de Christiania, et

qui a été considérée comme ayant recouvert les restes
d'Isabeau de Joigny, femme ou plutôt fiancée seulement
d'Hacon VI, roi de Norwége [1].

Cette dalle, formant trapèze, a 71 centimètres de hauteur
et 46 et 33 de largeur. Elle représente une femme debout,
couronnée, placée sous une arcade, et ayant devant elle
un écusson sur lequel on distingue un lion [2]. Autour se lit
la légende :

† HIC : YSAAE : NATA : RECV : BET : DE : PLE
(prole) : BEATA : † REGIS : NORVEGIE : PRINCIPIS :
ET : DACIE : .

Les caractères de ce monument peuvent le faire attribuer
aux dernières années du treizième siècle, et la lecture de
la légende permet de reconnaître qu'il s'agit d'une prin-
cesse de sang royal, dont le nom n'est pas indiqué, morte
probablement en bas âge (si l'on s'en rapporte aux petites
dimensions de la pierre), et fille d'une Ysa, épouse d'un roi
de Norwége, dont nous ne retrouvons pas l'alliance indiquée dans les généalogies de cette époque.

Ce monument n'a donc rien de commun avec la France
et ne concerne pas Isabelle de Joigny.

M. de Barthélemy commence la seconde lecture du Mémoire de M. Jules Loiseleur, bibliothécaire à Orléans, et
associé correspondant national pour le département du
Loiret, « *sur les jours appelés Égyptiens dans les calendriers du moyen-âge.* »

1. A ce sujet, rectifions une indication de l'art de vérifier les dates qui considère Isabeau de Joigny comme fille de Jean Ier et d'*Agnès* de Mercœur,
première femme de Jean. Ce renseignement est doublement erroné et se
trouve rectifié par les documents conservés aux Archives nationales (J. 457; 9),
et publiés par MM. Jal et Teulet. L'un d'eux, la procuration pour le mariage
d'Isabeau, est donné, en 1295, par *Marie* de Mercœur, sa mère, veuve de
Jean, mort en Italie en 1283. — *Agnès* était la grand'mère d'Isabeau et avait
épousé Guillaume III de Joigny, père de *Jean* Ier. (Voy. Bibl. de l'École des
chartes, t. III, et Archéologie navale de Jal.)

2 Les armes de Norwège portent un lion couronné, armé d'une hache.

Séance du 20 mars.

Présidence de M. Boutaric, président.

Correspondance.

M. G. Julliot, nommé associé correspondant national à Sens (Yonne), remercie la Société de son élection.

Travaux.

M. Pol Nicard, à propos de la lecture faite dans la précédente séance d'une communication de M. Ed. Flouest, relative à une tombe d'enfant découverte en Camargue, fait observer que chez les Romains, à toutes les époques, l'inhumation a été pratiquée en même temps que l'incinération, et cite à cet égard un texte de Pline l'ancien (VII, 54-55). Il est décidé que l'observation de M. Nicard fera l'objet d'une note insérée au Bulletin.

M. Sansas, associé correspondant, cite à l'appui de l'opinion qui vient d'être énoncée, plusieurs faits observés à Bordeaux, ou dans les environs, et tendant à prouver que pendant les trois premiers siècles de notre ère l'incinération et l'inhumation ont été pratiquées simultanément pour toutes les classes de la Société.

M. Sansas appelle ensuite l'attention de ses confrères sur deux monuments épigraphiques découverts à Bordeaux, et offrant certaines difficultés d'interprétation. L'un est un autel consacré à SIRONA par M. SVLPICIVS PRIMVLVS ; l'autre est l'épitaphe d'VLIRCLVS. Interrogé sur la question de savoir si le mot SIRONA est écrit avec un S ou un C, M. Sansas répond que le monument dont il s'agit ne peut servir à résoudre cette question, parce que les trois premières lettres du mot manquent sur la pierre. Mais le problème est résolu par un autre monument du musée de Bordeaux : c'est l'autel consacré à SIRONA par ADBVCIERVS fils de TOCETVS, dont l'inscription intacte présente la lettre initiale S parfaitement conservée.

M. Prost fait remarquer que dans une inscription de Metz le mot SIRONA est écrit par un D barré.

M. de Witte communique à la Société une figure de bronze qui représente *Apollon*. Ce bronze d'ancien style aurait été trouvé, d'après les renseignements qu'a pu obtenir M. de Witte, à Athènes ou dans les environs. Le dieu est nu, ses cheveux longs, tombant sur ses épaules, sont taillés carrément. Un diadème radié entoure son front. Quant aux attributs, quoiqu'ils n'existent plus, il est facile de voir que le dieu tenait de la main gauche la lyre et de la droite le plectrum. Le caractère de la tête, les grands yeux ouverts, le modelé du corps, tout indique que ce bronze appartient à l'art grec antérieur à Phidias. Ainsi, ce curieux petit monument a dû être fait à l'époque des guerres médiques, au commencement du ve siècle avant l'ère chrétienne, ou peut-être même un peu avant. On reconnaît dans ce bronze une grande analogie avec les célèbres marbres d'Égine.

M. de Witte promet de donner de nouveaux renseignements, s'il reçoit des détails sur l'endroit précis où ce bronze a été trouvé.

Ensuite M. de Witte donne lecture de la rectification suivante :

« Il s'est glissé quelques fautes d'impression dans la note
« que j'ai communiquée à la Société, le 6 avril 1870, *Bull.*,
« p. 120. Il s'agit du nom que portait la capitale du roi des
« Daces, Decébale. Ptolémée (III, 8) donne à cette ville le
« nom de Ζαρμιζεγέθουσα et la qualifie de résidence royale
« (βασίλειον). Dans la note 1, il faut lire : « Mais on trouve
« aussi au nᵒ 831 du recueil d'Orelli, *Sarmizegetus*, au
« nᵒ 3527, *Zarmiegete*, au nᵒ 878, *Sarmizegetusa*, au nᵒ 5280,
« *Sarmizegethusensium* (colonia). »

« Dion Cassius (LXVIII, 9) fournit la forme Ζερμιζεγεθούση,
« l'Anonyme de Ravenne (IV, 7) *Sarmazege*.

« La ville tirait sans doute son nom du fleuve *Sargetia*
« (Dio Cass. LXVIII, 14) sur lequel elle était située. »

M. Pol Nicard présente à la Société des gravures repro-

duisant quelques-unes des peintures murales exécutées vers
la fin du xii⁰ siècle ou au commencement du xiii⁰, dans
l'église de Zillis, diocèse de Coire, canton des Grisons, auprès d'Andeer, sur la route pittoresque du Splügen.

« Elles décorent le plafond de la nef sans collatéraux, sur
une longueur de 17 mètres et une largeur de 9 mètres; elles
sont du style roman de la même église, dont les autres parties
appartiennent à une époque beaucoup plus rapprochée de
nous. Les mêmes peintures paraissent avoir été exécutées
soit à la fin du xii⁰ siècle, soit au commencement du xiii⁰,
et forment cent cinquante-trois compartiments circonscrits
par des cadres doubles, les uns, intérieurs, encadrent immédiatement les sujets de peinture, dont quelques-uns ont
été effacés par le temps; les autres, extérieurs, constituent
en quelque sorte un second encadrement. Sous le rapport
technique on peut observer que les parties nues des personnages représentés ont été coloriées en blanc, tandis
que les contours ont été teintés en noir, d'une main sûre
et hardie; les cheveux sont de couleur rouge foncée, et on-
dulés; les vêtements sont simplement traités; les plis sont
indiqués par des lignes larges et à peine ombrées; les
extrémités des membres sont tantôt trop grosses, tantôt
trop petites, et semblent tracées d'après un modèle
convenu; les têtes humaines sont privées de mouvement, les figures des animaux, assez difficiles à caractériser,
rappellent le style héraldique; elles ont quelque chose de
fier et de farouche. Les teintes des couleurs harmonieuses
et fondues sont adoucies par le ton général du fond sur lequel
elles se détachent; l'eau est indiquée par une couleur particulière, la terre par des fleurs, le ciel par des nuages. Les
monuments n'ont pas de proportions, et il n'existe ni perspective aérienne, ni perspective linéaire. Les sujets ren-
fermés dans les cent cinquante-trois compartiments en
question forment deux classes très-différentes.

« La première, qui se compose de quarante-trois compartiments, encadrant tous les autres, n'offre aux regards de
ceux qui contemplent le plafond de l'église en question que
des êtres monstrueux ou fabuleux, parmi lesquels on dis-

tingue des monstres marins et des dragons, un éléphant à
queue de poisson, une licorne à queue de sirène, un sanglier et un loup terminés en poisson, une oie, un bélier,
tous deux finissant en dragons, un poisson portant un singe
sur son dos, une centaurine marine, un homme entièrement nu monté sur un poisson, trois chevaux blancs, des
animaux marins luttant entre eux ou s'entredévorant, etc.,
etc. Il est difficile en vérité de dire quel motif a poussé le
peintre, quel qu'il soit, auteur de ces peintures, à représenter ces êtres moitié fabuleux, moitié réels. Personnifient-ils
les ténèbres profondes dans lesquelles les hommes vivaient
avant l'arrivée du Christ sur la terre, comme un archéo-
gue le croit? ou bien devons-nous le choix de ces êtres grotesques à l'imagination de l'artiste inspiré par la nature des
poèmes du moyen-âge, lesquels contenaient des descriptions
d'animaux plus ou moins réels, accompagnés d'explications
propres à rappeler aux lecteurs des vérités morales ou
religieuses? C'est ce que nous ne pouvons décider.

« La seconde classe des peintures en question se compose
de sujets religieux formant cent cinq compartiments, encadrés
par les êtres fantastiques dont nous venons de parler, sujets
empruntés au Nouveau-Testament, ou aux évangiles apocryphes, notamment à l'évangile connu sous le nom d'*enfance de
Jésus*. C'est ainsi que nous pouvons voir dans la nef de l'église
de Zillis, la Visitation, l'Annonciation, la Naissance du Christ,
l'Apparition de l'Ange aux Bergers, la Visite des trois Rois
successivement à Hérode et à Bethléem, l'Adoration des
Rois, la fuite en Égypte, le Massacre des Innocents, Jésus
parmi les Docteurs, les Noces de Cana, les Changeurs chas-
sés du Temple, la Guérison du Paralytique, du Boiteux, la
Prédication de saint Jean dans le Désert, le Baptême du
Christ, la Résurrection de Lazare, les Démons changés en
cochons et se précipitant dans la mer, la Guérison d'une
femme possédée, le Christ et la Samaritaine, la Tentation
de Jésus dans le désert, l'Entrée du Christ à Jérusalem, le
Lavement des Pieds, la Cène, la Montagne des Oliviers,
Judas recevant l'argent, prix de sa trahison, l'Arrestation
du Christ, le Couronnement d'Épines, le Christ devant

Pilate, saint Pierre coupant l'oreille de Malchus, le Baiser
de Judas, et plusieurs autres scènes dont il est impossible de
déterminer précisément les sujets; mais, comme je l'ai dit,
il est certain que le peintre a dû les emprunter de préférence
aux évangiles apocryphes. Nous voyons par exemple le Christ
jouant avec des enfants qu'il a toujours particulièrement
aimés, avec lesquels il s'amuse à modeler des animaux, notamment des oiseaux, auxquels il communique la vie,
comme cela se trouve raconté dans le livre de l'*Enfance du
Christ*; plusieurs détails de quelques autres scènes ont dû
être puisés à la même source, lesquelles abondent en détails
naïfs; ainsi la Vierge dans la fuite en Égypte est représentée
montée sur l'âne et cueillant en passant du haut de sa
monture le fruit du palmier; saint Joseph chasse l'âne avec
un fouet, emportant sur son dos un petit tonneau et une
sacoche, courant plutôt que marchant.

« L'intérêt puissant que présentent les peintures du plafond
de l'église de Zillis réside principalement dans leur ancien-
neté : la manière de bénir et de prier du Christ et des apôtres èst ancienne, ainsi que l'absence du roi nègre parmi les
trois rois et la démarche précipitée de ces monarques. Les
soldats qui accompagnent le Christ ne portent pas d'armes,
comme sur les mosaïques chrétiennes les plus anciennes et
sur les sarcophages des premiers siècles de notre ère; ils ont
la tête nue et sont vêtus de tuniques courtes; ils portent des
chausses collantes au corps et des brodequins montant très-
haut. Le Christ de son côté est vêtu à l'antique et représenté
avec la barbe; ses disciples ont un costume semblable, ils ont
la tête entourée du nimbe, lequel est tantôt rouge, tantôt
vert, tantôt de couleur bleue, tantôt de couleur pourpre; saint
Pierre se montre à nous sous la figure d'un vieillard à barbe
blanche, avec des cheveux de la même couleur. Dans la
Transfiguration le Christ se montre entre Moïse et Elias; un
peu plus haut, on aperçoit saint Pierre, saint Jean et Jacob.
Marie ne figure dans aucune scène de la Passion, et là où
nous la rencontrons, elle a le costume byzantin.

« Mais si l'on ne peut contester que l'usage du costume
antique ait continué jusqu'au commencement du xiiie siècle,

tant les modifications qu'il a subies dans les siècles précédents sont encore peu sensibles, il n'est pas néanmoins possible de confondre les modes dominantes au xiii⁰ siècle dans le vêtement des deux sexes avec les modes antérieures; chaque jour elles se transforment, quoique lentement; les vêtements longs notamment n'ont pas remplacé les vêtements courts d'une façon aussi brusque qu'on serait tenté de le croire : sans doute la démarcation profonde qui existait entre les diverses classes dont se composait la société humaine a dû faire adopter des habillements différents pour chacune d'elles, et propres à les faire reconnaître pour ainsi dire au premier abord. Dans les rangs inférieurs le changement du costume a dû être beaucoup plus lent, les pauvres conservèrent longtemps la tunique courte des Romains et les chausses étroites des Francs; les hommes nobles avaient pris le manteau long, les femmes portaient des robes longues avec des ceintures; les vilains se chaussaient encore avec des souliers semblables à ceux que portaient leurs pères. Les nobles, dès la fin du xii⁰ siècle, avaient adopté des chaussures extrêmement pointues. Les coiffures offrent les mêmes différences, nulles ou à peu près pour les uns, très-modifiées pour les autres. L'étude du costume des personnages figurés dans les scènes peintes au plafond de l'église de Zillis permet de les regarder comme de la fin du xii⁰ ou tout au plus du commencement du xiii⁰ siècle. Le professeur d'archéologie de l'université de Zurich, M. Rahn, auquel nous devons une description intéressante de ces peintures murales, a cru pouvoir les comparer aux miniatures du célèbre manuscrit de l'*Hortus deliciarum* d'Herrard de Landsperg, détruit en 1870 par la barbarie allemande, aidée par l'incurie du conservateur de la Bibliothèque de Strasbourg. Nous ne possédons plus de ces miniatures que des reproductions infidèles et décolorées, peut-être ont-elles été les unes et les autres exécutées à la même époque. Le temps, qui avait épargné les miniatures conservées à Strasbourg, a respecté les peintures murales de Zillis, mais il est douteux que ce soit pour bien longtemps, car elles ont déjà beaucoup souffert et ne s'offrent plus à nos yeux que mutilées et dégradées; il est à désirer que nos voisins les Suisses les prennent sous leur garde et sous leur protection, puisque leur neutralité les met à l'abri des invasions des Allemands, si fiers de leur supériorité intellectuelle, mais en réalité ayant conservé quelque chose de la barbarie de leurs pères, quoiqu'ils puissent dire. »

EXTRAIT DES PROCÈS-VERBAUX

DU 2ᵉ TRIMESTRE DE 1872.

Séance du 3 avril.

Présidence de M. Boutaric, président.

Travaux.

M. Rigaux, présenté par M. Van Hende, associé correspondant national pour le département du Nord, rend compte en ces termes des fouilles qu'il a exécutées dans l'arrondissement de Lille :

« Diverses recherches auxquelles je me suis livré depuis trois ans dans les environs de Lille, ont produit des résultats sinon importants, du moins particulièrement intéressants pour cette partie du département du Nord, en ce sens qu'on n'y avait jamais signalé précédemment la moindre découverte d'antiquités. A ne les considérer qu'au point de vue de la topographie ancienne du pays, ces résultats ont même dépassé mes espérances puisque, soit dans les fouilles que j'ai entreprises, soit dans les découvertes isolées que j'ai constatées, je suis arrivé à retrouver une succession non interrompue de faits, depuis l'âge de la pierre jusqu'à l'époque franque. L'époque Anté-Romaine est celle qui a été jusqu'ici la moins riche en révélations. Elle a fourni :

« A *Esquermes*, un fragment de hache polie, en silex blanc.

« A *Wazemmes*, près de la citadelle, deux haches également en pierre polie; rue Beauharnais, une hache en bronze à douille circulaire ; enfin, une monnaie de cuivre des Nerviens, au type du rameau et du cheval ;

« A *Bouvines*, de nombreux débris de poteries grossières, quelques fibules et deux pointes de javelots en fer, plusieurs objets ronds en terre cuite ou en craie, qui semblent être des pesons de fuseaux. Les poteries ne paraissent pas avoir été faites au tour, elles sont ornées de lignes tracées à la pointe, de dessins produits par l'ongle ou l'extrémité du doigt, enfoncés dans la terre encore molle ; ici c'est un zigzag ressemblant à un éclair, là un bourrelet saillant dans la pâte, un trou pour suspendre le vase, un fond de vase percé de trous. Les fibules se composent d'un morceau de fer replié plusieurs fois sur lui-même pour former ressort ; les javelots, de quinze centimètres y compris la douille, ressemblent aux lances courtes de l'époque mérovingienne. J'ai principalement recueilli ces objets au milieu d'un fossé comblé dans l'antiquité; de forme à peu près hémisphérique, il a environ trois mètres de largeur sur un mètre de profondeur. En dehors de ce fossé, j'ai découvert quelques monnaies de cuivre des Nerviens, la plupart au type du rameau et du cheval ; plusieurs portent les noms des chefs Vertico et Viros.

« J'aurai encore à parler de Bouvines où j'ai trouvé dans un même champ, outre ces objets, des antiquités gallo-romaines et l'extrémité d'un cimetière franc ; mais je dirai de suite que les cinq dernières sépultures étaient placées au-dessus du fossé dont il vient d'être question, comme pour en prouver l'antiquité.

« L'époque Gallo-Romaine s'est montrée en sept endroits différents. Elle a donné :

« A *Ronchin*, près de l'Arbre-du-Diable, des poteries brisées et des perles, provenant de sépultures à incinération que j'ai fouillées en compagnie de M. Van Hende, dont le concours a été pour moi un bien précieux encouragement;

« A *Esquermes*, une sépulture à incinération, renfermant six vases, un plat en terre rouge lustrée muni de deux petites anses, deux fibules en cuivre ;

« A *Fives*, un vase à anse en terre rouge commune, provenant aussi probablement d'une sépulture ;

« A *Lille*, dans les environs de la place Gentil-Muiron, un joli denier de la famille Nœvia, une perle et deux fibules qui ont conservé des traces d'émail ;

« A *Wazemmes*, rue Solférino, sous les remblais d'une digue élevée par Louis XIV, des pierres de construction, du ciment, 6 à 700 fragments de tuiles et de poteries, dont un marqué de l'estampille du potier Atticus, plus une monnaie barbare de Tétricus ;

« A *Seclin*, des tuiles et de nombreux débris de poteries rouges, grises et noires ;

« A *Bouvines*, sur le bord d'un puits, 900 monnaies de billon, au nombre desquelles se trouvaient beaucoup de Postume. Une muraille entourait ce puits, et en la démolissant, je retrouvais encore un petit vase en grès, renfermant une monnaie gauloise et 140 romaines, dont les plus récentes sont aussi de Postume. La monnaie gauloise étant de Germanus Indutillf ; il est possible que les enfouisseurs l'aient confondue avec une monnaie à peu près semblable d'Auguste. De nombreux débris de poteries variées, deux fragments de plats sur lesquels on lit ADECARI et CATVSIALIS·F, plusieurs outils de maçon, une clef, une petite épée de 35 centimètres avec la soie, des épingles en os, une fibule ornée d'une curieuse inscription, voilà le résultat des fouilles.

« Le puits ne contenait rien que des décombres provenant d'une construction gallo-romaine ; des ossements d'animaux, cassés pour en extraire la moèlle ou taillés en petites plaques, et un maillet de bois qui ressemble complètement à ceux employés de nos jours.

« Mon but, en entreprenant ces fouilles, était de retrouver l'habitation qui avait certainement existé sur ce champ, mais j'ai acquis depuis la certitude qu'elle avait été autrefois démolie pour l'élargissement de la route départementale. C'était une déception qui cependant a été compensée par la découverte d'un cimetière mérovingien, sur lequel je ne comptais nullement.

« L'époque franque n'est apparue qu'en trois endroits, mais elle a fourni de nombreux renseignements.

« A *Wazemmes*, rue Nationale, une sépulture a donné un collier de treize perles, une fibule de forme ansée, une chaînette en cuivre composée de 140 mailles, et une terminaison de ceinturon.

« A *Esquermes*, j'ai pu visiter une douzaine de sépultures, mais dans un terrain tellement humide, que la plupart des objets, si l'on en excepte ceux en verre, se trouvaient dans un état déplorable. Les fosses étaient orientées de l'est à l'ouest, plusieurs avaient été fouillées anciennement. Elles contenaient encore plusieurs colliers de perles ; quelques boucles en cuivre ou en fer ; diverses ferrailles informes telles que hache, épée, bouclier ; des vases en terre imbibés d'eau comme des éponges ; d'autres en verre ornés de filets de pâte de verre blanc. Le seul vase en verre qui ait pu être reconstitué a la forme d'un cornet ; l'un des vases en terre, simplement façonné à la main, se fait remarquer par sa grossièreté ; on serait tenté de le reporter à une époque beaucoup plus ancienne, s'il n'avait pas été trouvé aux pieds d'un mérovingien. Ce fait s'est représenté plusieurs fois à Bouvines. Je citerai encore deux jolies fibules en argent qui se composent d'une tige un peu renflée, terminée par un demi-cercle, d'où sortent cinq petits boutons ornés de verroteries rouges ; un cure-oreilles et un cure-dents en argent, d'un travail très-délicat, tous deux tordus comme une corde. J'ai recueilli ces objets dans une sépulture de femme qui avait en outre sur la poitrine, une perle bleue entre deux perles d'ambre, réunion de perles à laquelle elle attribuait peut-être une vertu spéciale. J'ajouterai à cette énumération, une curieuse bague en or, trouvée quelques semaines plus tard sur l'emplacement du cimetière mérovingien, par un ouvrier qui creusait un silo.

« *Bouvines* a été, comme pour les autres époques, la localité la plus féconde en renseignements. Je n'ai eu toutefois que l'extrémité d'un cimetière, dont les autres parties avaient été retournées depuis vingt ans pour l'extraction de la marne, sans que jamais on ait rien conservé. Le nombre des sépultures était de 300 environ, en y comprenant des inhumations beaucoup plus récentes qui ne renfermaient aucun objet d'industrie humaine, et dont par conséquent la date n'a pu être déterminée. Un des traits caractéristiques de cette fouille, c'est que toutes les tombes mérovingiennes avaient été violées antérieurement. Toutefois, grâce au système suivi par les voleurs (j'en parlerai plus loin), et au dédain qu'ils ont témoigné pour certains objets remblayés par eux avec les ossements, j'ai pu recueillir différentes choses telles que des armes, des objets usuels ou de toilette, des vases en terre et en verre,

« Les armes sont des haches, des lances, des sabres, des poignards ; des boucliers avec une armature composée d'une tige unique ; des fers de javelot, quelques-uns semblables à des clous qui seraient évidés ; deux épées renfermées dans des fourreaux de bois ; un angon de 1 m. 15, dont la douille présente dans le sens de la longueur de l'arme quatre grandes ouvertures cerclées par des anneaux de fer.

« Les objets usuels ou de toilette sont des colliers de perles en verre et en ambre, deux pendants d'oreilles présentant sur chaque face un petit losange de verre rouge, des épingles et des fibules en cuivre, plusieurs boucles de ceinturon en cuivre étamé ou en fer damasquiné d'argent, des ciseaux, des couteaux domestiques, deux clefs de maison semblables aux clefs romaines, des garnitures d'aumonières en fer, des pinces à épiler, des bagues grossières, etc. Une boucle de ceinturon ornée de 17 verroteries rouges est particulièrement intéressante ; une bague présente sur son chaton une croix gravée en creux et semblable à celle de certaines monnaies mérovingiennes. Quant aux monnaies, toutes celles que j'ai recueillies, soit comme ornement du cou, soit à la ceinture des morts, sont romaines, et généralement postérieures à Constantin.

« Les vases sont en terre, en grès ou en verre. Ceux en grès ou en terres sont agrémentés d'ornements en creux produits par une estampille ou même quelquefois gravés à

la pointe. Ces vases sont tous d'une uniformité remarquable ; trois cependant, mal pétris, façonnés à la main, bosse-
lés, n'ont plus du tout le cachet de la céramique mérovingienne, et, comme celui d'Esquermes, on les croirait
plutôt contemporains de l'âge de pierre. Les vases en verre
ont été relativement nombreux, mais beaucoup étaient
brisés par le tassement des terres ; les uns sont de longs
cornets sans pied, d'autres diffèrent des précédents en ce
qu'ils sont renflés vers le bas et plus larges du haut, les
troisièmes sont de petits bols à peu près hémisphériques.
Plusieurs de ces vases sont ornés de dessins en pâte de
verre blanc ; un petit bol, dont il ne reste que le fond, a
été coulé dans un moule ouvragé qui représente une croix
à quatre bras égaux, entre lesquels se trouve une sorte de
V centré d'un gros point.

« Toutes les sépultures étaient orientées du nord-ouest au
sud-est, il n'y avait point de cercueils en pierre, mais la
trace de nombreux cercueils en bois.

« J'ai dit plus haut qu'elles avaient presque toutes été
violées. J'ai soigneusement étudié chaque tombe, cherchant
à prendre les violateurs sur le fait, je ne ferai que résumer
ces observations. Quelques sépultures ont dû être violées
très-peu de temps après l'inhumation ; ainsi un bouclier
rejeté sur le bord d'une fosse avait son armature en place
et intacte ; or, l'armature, qui est une pièce si fragile,
aurait certainement été brisée en mille morceaux, si le
bois du bouclier n'avait pas encore été adhérent à l'umbo.

« La majeure partie l'a été à une époque un peu moins
ancienne, lorsque les ossements étaient dépouillés de leur
chair, mais par des gens qui connaissaient parfaitement les
usages de l'époque franque ; en effet, les voleurs n'ont pas
généralement poussé leurs investigations plus loin que les
fémurs, sachant bien qu'il n'y avait rien pour eux dans la
seconde partie de la fosse. J'ai lieu de leur en être très-
reconnaissant, car sans cette circonstance je n'aurai pour
ainsi dire rien trouvé. J'aurais encore beaucoup d'autres
constations curieuses à signaler, mais je craindrais de
dépasser les bornes d'un simple compte-rendu qui est déjà

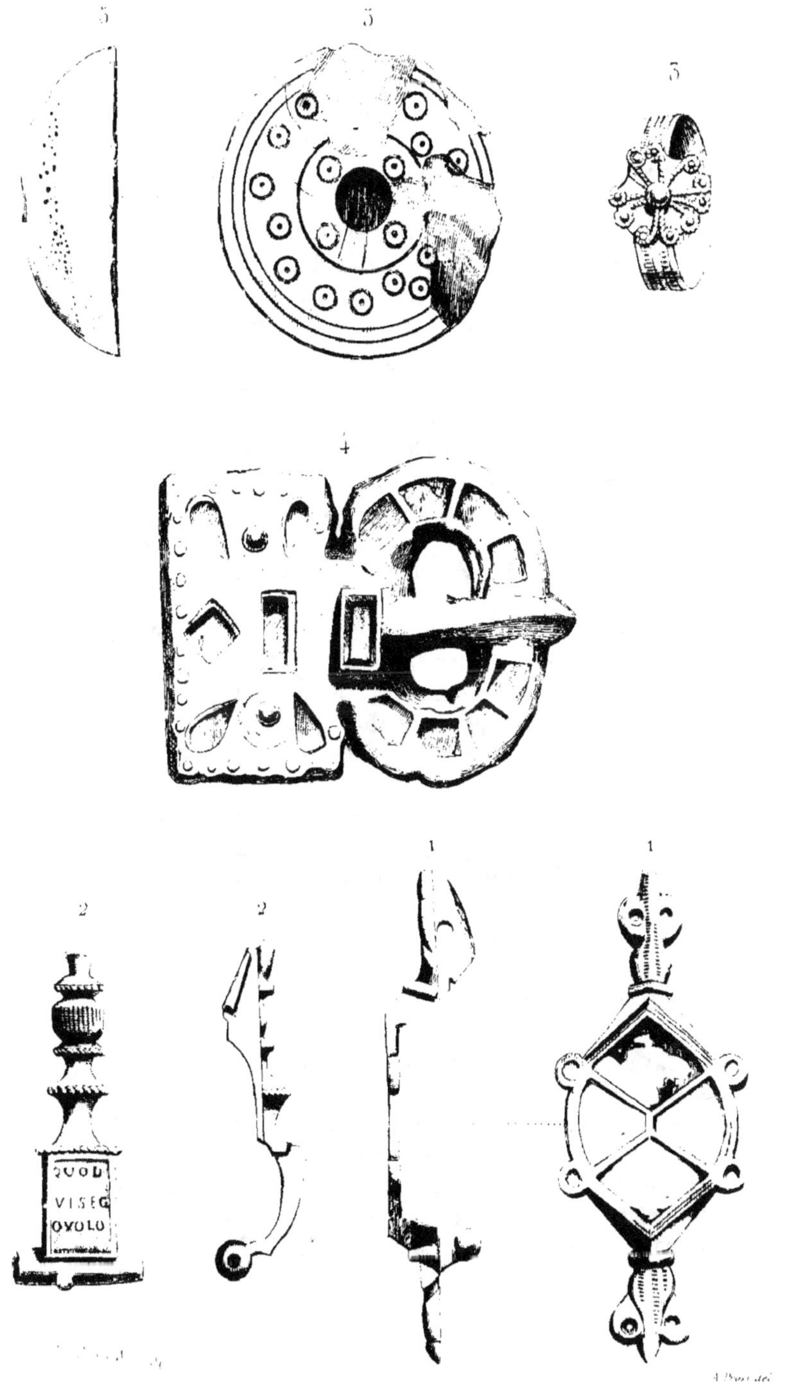

OBJETS ANTIQUES TROUVÉS DANS L'ARROND' DE LILLE (Nord)

bien long. Je n'ajouterai qu'un mot, c'est que, novice en archéologie, je réclame l'indulgence des archéologues pour les erreurs que j'ai pu commettre ; elles seront d'ailleurs faciles à réparer, car une grande partie des objets trouvés peut déjà être étudiée au musée archéologique de Lille, où elle forme le noyau d'une collection d'autant plus intéressante, qu'elle est de provenance pour ainsi dire locale.

« *Nomenclature des objets dessinés.*

« 1° Fibule trouvée à Lille, place Gentil-Muiron. Elle est terminée de chaque côté par une tête de serpent, sur laquelle on a simulé des écailles ; au centre de la fibule se trouvent quatre creux autrefois remplis d'émail vert.

« 2° Fibule trouvée à Bouvines ; de forme commune, elle ne se distingue que par l'inscription au pointillé qui est gravée sur sa face. On lit très-distinctement ces mots en trois lignes, QUOD VIS, EGO VOLO. Cette fibule a été étamée.

« 3° Bague en or, trouvée à Esquermes, sur l'emplacement du cimetière mérovingien. Le chaton présente un bouton central d'où rayonnent onze cordons en filigrane, qui vont se nouer à autant de petits boutons placés sur les bords ; sur l'anneau se voient des dessins en creux répétés sur deux rangées.

« 4° Boucle de ceinturon avec plaque, ornée de 17 verroteries rouges et de 18 petits boutons d'argent ; l'ardillon et la plaque ont conservé des traces de dorure. Sépultures franques de Bouvines.

« 5° Peson de fuseau en os ; des cercles grands et petits sont tracés sur un seul de ses côtés. Sépultures franques de Bouvines. »

M. l'abbé Grasilier (de Saintes) fait la communication suivante :

« Au mois de novembre dernier, en faisant des fouilles pour une plantation d'arbres dans un jardin situé sur une des collines qui dominent au sud-ouest les arènes de la ville de Saintes, la bêche mit à découvert un tombeau gallo-romain renfermant les restes d'une jeune femme. A l'intérieur de ce tombeau ainsi qu'à l'extérieur, était un nombre considérable d'ustensiles en bronze, en verre et en terre cuite, à peu près tous dans un parfait état de conservation.

« C'est une heureuse et riche trouvaille qui sera, je n'en doute pas, très-utile à l'histoire de l'art, à l'époque de la domination romaine, dans le vieux pays des Santons.

« Ce tombeau, auge quadrangulaire d'une longueur de 2 m. 50 c. sur 0 m. 95 c. de largeur et 75 c. de profondeur, était recouvert par trois pierres énormes, chacune de 1 m. 5 c. de large. Une fosse assez spacieuse avait été creusée dans le roc pour recevoir le sarcophage et les objets qui l'entouraient. Nulle inscription, nulle monnaie pouvant servir à donner une date à cette sépulture. On ne trouva non plus ni or, ni argent; et pourtant la disposition symétrique des objets fait rejeter l'idée d'une violation.

« A l'intérieur du tombeau, l'eau s'étant infiltrée à travers les joints des pierres formant le couvercle, avait amené la complète destruction de tout ce qui était corruptible. On ne trouva que le crâne et un tibia d'une femme. A ses pieds, les objets en verre suivants :

« 1° Quatorze *ampullæ* de différentes dimensions ;

« 2° Deux *lagenæ* munies de deux anses ;

« 3° Deux petites fioles à parois très-minces.

« Ces objets sont en verre blanc avec une légère teinte verdâtre.

« Quinze autres vases de différentes formes et de diverses couleurs: brune, vert-d'eau, bleuâtre, plus ou moins foncées.

« C'est parmi eux, Messieurs, qu'il faut admirer ces vases aux formes élégantes affectant un peu celles du style Médicis. Trois petits vases qui, par leur forme semi-sphérique et leurs côtes saillantes, nous porteraient à croire que nous avons là des échantillons de l'*echinus* des anciens. Ils sont ornés de filets blancs semblables à ceux de la verroterie de Venise. Deux petites fioles, dont la panse carrée offre sur chacune de ses faces une tête en relief, dont la plus remarquable est celle d'une Méduse. Enfin une bouteille en bronze, ornée de cercles parallèles d'une régularité que le tour seul peut donner.

« A droite et à gauche de la place qu'occupait le corps, se trouvaient différents objets ayant servi à la toilette ou à la parure de la jeune Santone. Un *miroir* entièrement brisé, ainsi que celui sur lequel reposait sa tête. Un *coffret*, dont il ne reste que la serrure, les bellières élégantes et les autres ornements en bronze. Des *pendants d'oreilles*, quantité de verroterie de diverses couleurs, entre autres deux perles prismatiques exagones d'une jolie couleur bleu-clair, un grain mosaïque formé de matières vitrifiées : le corps du grain est blanc ; au milieu, un large cercle brun orné de papillons de nuit qui ont l'abdomen et le corcelet jaune, les antennes blanches, les élytres d'un gris-bleu, les ailes rouges feu. Un certain nombre d'*amulettes*. Trois de ces cailloux d'Ars, dont les dames de la cour de Louis XV faisaient leur parure. Une petite *statuette* en terre représentant une déesse-mère, semblable à celles qu'on a souvent trouvées en Bourgogne. Une baguette en forme de torsade de 18 c. de long : la partie inférieure se termine par un bouton, et sa partie supérieure par un anneau. Une semblable baguette, moins élégante, trouvée en Crimée, se voit au Musée des Antiques.

« Au dehors du tombeau, quantité de vases en terre ; plusieurs brisés par le tassement des terres. Six grandes amphores : deux seulement, d'une contenance de 28 litres, sont restées entières. Quelques plats : l'un marqué d'une rose en dessous ; l'autre porte cette légende encadrée : F.A.T.M.-F. Deux vases fusiformes. Une coupe munie de deux anses. Une lampe ; plusieurs autres vases de diverses formes.

« J'allais oublier trois petits instruments en bronze, longs d'environ 20 c., ce sont : une petite cuillère, deux spatules ; l'une en fer de lance. Un coffret divisé en trois compartiments.

« Je regrette, Messieurs, qu'une plume plus autorisée que la mienne n'ait pu vous faire une plus savante description de ce petit Musée, et je vous remercie de l'honneur que vous m'avez fait en me permettant de le signaler à votre honorable Compagnie. »

M. Julliot, associé correspondant national pour le département de l'Yonne, offre au nom de la Société archéologique de Sens, dont il est président, un exemplaire de la première partie du *Musée gallo-romain de Sens* (21 planches photogravées et une feuille de texte). M. Julliot fait ensuite une commùnication où il énumère les objets suivants : 1° une fibule gallo-romaine d'un beau modèle et d'une grande dimension, remarquable par les gravures dont elle est ornée ; 2° une petite fibule mérovingienne plaquée en argent et anciennement ornée de pierres ; 3° une statuette gallo-romaine avec des yeux d'émail; 4° quelques médailles grand module de l'époque de la Renaissance. — Tous ces objets ont été trouvés à Sens.

Séance du 10 avril.

Présidence de M. BOUTARIC, président.

Correspondance.

M. le président communique une lettre de remercîment écrite par M. Chautard, de Nancy, nommé associé correspondant national pour le département de Meurthe-et-Moselle. A cette lettre est jointe une brochure sur le chevalier d'Aumale, offerte par M. Chautard à la Société.

Travaux.

M. Perrot lit la note suivante, envoyée par M. Albert Dumont, membre résidant, en ce moment en mission :

« Le Musée de la Société archéologique d'Athènes vient d'acquérir deux monuments [1], dont l'importance est de premier ordre. Ce sont deux stèles de marbre sur lesquelles on voit des personnages peints. La première mesure 0,55 c. sur 0,33 c. Sous un petit édicule en relief qui porte des traces nombreuses de couleurs (oves, bordures, etc.), est assise une

---

1. Ils ont été trouvés en Attique.

femme. D'une main, elle tient un miroir (?) ; de l'autre, le voile qui lui couvre la tête. Les couleurs sont tombées presque partout, si ce n'est sur les pieds du siége qui étaient rouges ; mais la figure fait sur le fond plus sombre du marbre une silhouette blanche bien marquée. L'inscription suivante est gravée en creux sur le tableau :

NIKIKIΠΠH
ΦPHPIA   sans doute pour NIKIΠΠH.

« La seconde stèle (haut. 0,40 ; larg. 0,23) est entourée des quatre côtés d'un rebord saillant. On y voit peint un homme debout qui tient une couronne, et vers lequel se dirige une femme de petite dimension. L'homme s'appelle ΥΥΣΙΜΑΧΟΣ ; la femme ΠΟΛΥΚΡΙΤΗ ; ces inscriptions sont en creux. La forme de la première lettre dans le mot Λυσίμαχος appartient à l'alphabet archaïque.

« Les stèles grecques qui portent des ornements peints se comptent en grand nombre ; celles qui représentent des personnages également peints sont, à ma connaissance, les suivantes :

« 1° Stèle de Δημοκρατεία, au portique d'Adrien, Ross : *Arch., Aufs*, t. I, p. 43 ;

« 2° Stèle de Μένανδρος au même portique : Michaelis : *Bericht. üb. d. Verhandl. d. kœn. sæchs. Gesellsch. d. Wiss. zu Leipzig : Philol. hist. Kl.* 1867, I, p. 116 ;

« 3° Stèle inédite du *Varvakeion* trouvée à Thèbes, et représentant un personnage vu de face, vêtu d'une robe violette [1].

« On connaît un curieux *lécythus* sur lequel la stèle funé-raire dessinée au trait, paraît à M. Benndorf porter une peinture et non un bas relief, opinion que je partage. (Benndorf : *Griechische und sicilische Vasenbilder*, pl. XIX, fig. 2), et les trois tombeaux peints décrits par Pausanias : (Letronne : *Lettres d'un antiq. à un artiste*, p. 227 et suiv.).

« Non-seulement, comme on le savait depuis longtemps, les grecs décoraient de peintures les stèles sculptées, et com-plétaient par le pinceau des bas-reliefs que le ciseau

---

1 Monument dessiné par M. Chaplain.

n'avait pas achevés ; ils peignaient encore sur marbre, selon toute vraisemblance, à la cire, des scènes figurées. Les deux monuments que vient d'acquérir le Varvakeion, sont les plus importants qu'on puisse étudier pour se rendre compte d'une des habitudes les moins connues de l'art antique [1]. Il sera intéressant de leur consacrer une notice étendue, et surtout de montrer combien les peintures de ce genre ont été fréquentes dans l'antiquité [2]. »

M. Rey lit un document inédit découvert dans un manuscrit de la Bibliothèque Bodléienne d'Oxford. Ce document, relatif à un projet de croisade, peut être attribué à l'année 1290. La Société décide qu'elle en entendra une seconde lecture.

M. Aurès, associé correspondant national pour le département du Gard, présente un atlas de 16 planches accompagnant son mémoire intitulé : *Etude épigraphique et métrologique des monuments dédiés aux Proxumes*. M. Aurès donne lecture des conclusions de son mémoire; suivant lui, les Proxumes étaient, chez les Volces Arécomiques, les Mânes des aïeules considérées comme les Génies protec teurs de la famille et de la maison. Leur culte, essentiellement privé, demeurait enfermé dans l'intérieur des laraires, et devait être assimilé, malgré cela, aux cultes des Mères, des Junons ou des fées, avec lesquelles on pouvait le confondre quelquefois. M. Aurès a réuni les monuments épigraphiques mentionnant ces divinités, au nombre de dix-neuf, et il a désiré que ces inscriptions fussent mentionnées dans le *Bulletin* de la Société des Antiquaires de France, avec indication des provenances, afin qu'il fût plus facile de lui signaler celles qui, malgré ses recherches multipliées, lui seraient restées inconnues.

---

1 Ces stèles ont été dessinées par M Chaplain.

2. Voyez encore Komanoudıs Ἐπιγραφαὶ ἀνεκδοτοὶ 1860, n. 70, stèle qui était probablement peinte autrefois. Conze, *Arch. Anz.* 1868, p 246, et la dissertation de M. Egger sur une stèle peinte originaire de Thrace. *Annalı*, 1866.

PROXVMIS
SENECA·SECVNDI
FIL
V S·L·M
Vaison.

T·L·NAVI
PROXS
VMIS
TIIRTV
Avignon.

PATERNA
CARI·F·PROX
V·S·L·M
Nimes.

PROXVMIS
GRATVS
CELERIS·F
V·S·L·M
Nimes.

PRO[X]
VMI[S]
QVIN
TINA
ET VE
Nimes.

LALIÆ
PRIMVLÆ
PROXSVMS
SVIS·[V·S]
Nimes.

PROXSVMIS
POTITA·C·COD
ONI·F·V·S·L·M
Vaison.

PROXVMIS TERTIA
Nimes.

PROXVMIS
M·PORCIVS
IVVENALIS
V·S·L·M
Nimes.

ATTIA PRIMA
PROXSVMIS
SVIS
Ile de la Camargue.

HOSCILA
SOLLARION
FILIA
PROXVM
V·S·L·M
Nimes.

CALV
INA·P
SVIS
V·S·L·M
Nimes.

PROXV
MIS
LEDAE
Baron près Uzès.

PROXVMIS·SVIS
CORNELIA·CVPITA
Nimes.

PRO[X]
BITVKA
V·S·L·M
Nimes.

PROXVM
ANICIA
NOTATA
V·S·L·M
Beaucaire.

PROXVM·SVIS
L LVCCEIVS·FVSCVS·V·S
Vaison.

PROXSVMIS
POLLENTO
V·S·L·M
Nimes.

POMPEIA
POMPVLIA
PROXSVMIS
V·S·L·M
Nimes.

M. le général Creuly lit une note relative à une inscription de Bordeaux citée dans une précédente séance :

« M. Sansas a entretenu, il y a quelques jours, la Société des Antiquaires de France, d'un autel à la déesse Sirona, provenant des murs romains de Bordeaux ; suivant cet archéologue, l'auteur du monument serait un nommé *Adbucielus,* fils de *Togelus.* Une telle lecture me paraît devoir être rejetée par les motifs qui suivent.

« L'inscription se compose de quatre lignes, dont la première, SIRONAE, ne présente aucun doute. La seconde, ADBVCIE·TV, doit se lire en deux mots qui, de fait, sont séparés par un point, savoir : ADBVCIE, nom du dédica teur, ou plutôt de la dédicatrice, comme nous allons le faire voir, et TV initiale du nom de son père TVTOGETVS dont les trois syllabes suivantes sont rejetées dans la troisième ligne. Quant à la quatrième ligne, V.S.L.M, c'est la formule connue qui n'a pas besoin d'explication.

« Je reviens à ADBVCIE, nom féminin au nominatif, comme il s'en trouve assez souvent dans la langue aquita nique ; tels sont *Aldene, Andere, Anderesene, Uriaxe,* de monuments conservés au musée de Toulouse. Ce nom étant lu à part, il reste une syllabe qui, jointe à la troisième ligne, forme la filiation TVTOGETI FIL(ia).

« *Tutogelus* n'est pas Aquitain, il appartient à la langue gauloise, et se confirme par la terminaison GETVS d'un nom de Trèves, par le *Toulobocius* des monnaies carnutes, etc.

« C'est ce que j'avais déjà établi, il y a trois ans, dans la Revue archéologique de février 1869. »

Séance du 17 Avril.

Présidence de M. Boutaric, président.

Travaux.

M. Perrot fait une seconde lecture d'un mémoire de M. Dumont, sur un sarcophage chrétien à Salone. Ce mémoire est renvoyé à la Commission de publication.

Il est donné lecture au nom de M. d'Arbois de Jubainville, de la note suivante :

« M. Aubert, dans son intéressant mémoire sur le trésor de Saint-Maurice-en-Valais, donne une description détaillée d'une châsse (*Société des Antiquaires*, t. XXXII, p. 33 et ss.), dont l'inscription avait déjà été publiée par M. Le Blant (*Inscriptions chrétiennes*, t. II, p. 580). MM. de Lasteyrie et de Linas, dit M. Aubert, sont unanimes pour fixer à l'époque mérovingienne la date de ce monument. Il est, je crois, possible de préciser davantage.

« Déjà M. Wackernagel, dans l'histoire du royaume des Burgundes de M. Binding, p. 343, a affirmé que cette châsse était postérieure à la chute du royaume des Burgundes.

« Deux des quatre noms propres, d'origine germanique, contenus dans l'inscription, présentent un caractère qui permet de leur assigner une date relativement récente : *Rih-lindis, Undiho.* Ces deux noms supposent des formes plus anciennes, *Rico-lindis, Undico.* Le *c* de *Rico-lindis* et d'*Undico* s'est changé en *ch=h* vers la fin de la période mérovingienne. Dans cinq diplômes originaux des années 716 et 717, le nom du roi Chilpéric II est écrit *Chilperichus* au lieu de *Chilpericus* (Tardif, *Monuments historiques*, n°s 46-50.) Dans une inscription de Revel-Tourtan, le nom propre *Adica*, ou mieux *Athica*, se termine par le même suffixe que *Undiho*, et ce suffixe conserve encore la gutturale sourde du germanique primitif (Le Blant, II, 150, n° 466 A et Wackernagel, dans Binding, p. 348). L'inscription de Revel-Tourtan est datée de 563. A cette date, la substitution de la spirante *ch*, *h* à l'explosive *c* n'était pas encore accomplie. L'inscription de la châsse de saint Maurice paraît donc postérieure à 563.

« Un autre nom germanique qui, dans cette inscription, n'a pas un caractère archaïque, c'est *Nordoalaus*, nom composé, dont le second terme, nous semble avoir déjà perdu deux consonnes. On a dû dire d'abord *Nordo-valahus*. Le *v*, du second terme a été conservé par Frédégaire dans le nom propre *Aeno-valaus* (D. Bouquet, II, 446 C). Ce second terme paraît identique au vieux haut-allemand : *walah*, étranger ; *Nordoalaus* pour *Nordo-valahus* signifierait « étranger venant du Nord ».

« Mais les formes latines n'ont pas subi l'influence de la réforme grammaticale imposée par Charlemagne : *honure*, *ficerunt*, appartiennent à la langue du viie ou du viiie siècle. »

M. Anatole de Montaiglon place sous les yeux de la Société une broche en argent, du xive siècle, découverte près de Poitiers. L'inscription, gravée sur les deux côtés et divisée en plusieurs groupes de lettres, n'a pas reçu jusqu'à présent d'interprétation satisfaisante. M. de Montaiglon propose à la Société de publier le dessin ci-joint de cet objet.

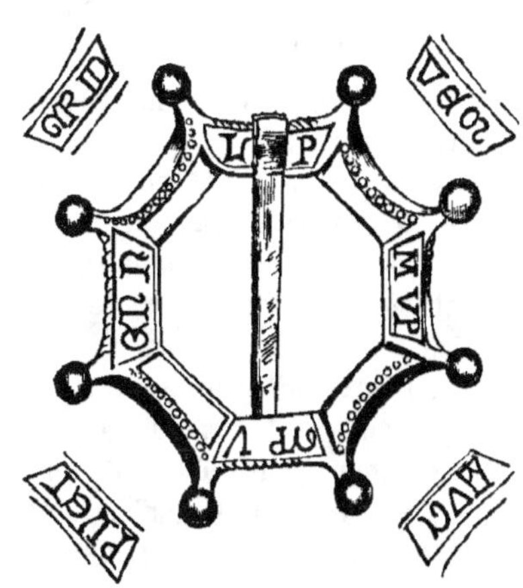

M. Chabouillet communique à la Société d'intéressants détails sur un didrachme en argent d'ancien style grec, représentant le type des monnaies antiques de Maronée en Thrace. La légende de cette pièce est particulièrement remarquable ; elle donne un nom propre avec un titre de dignité : ЕΠАРХ ЕМВРОТО ; le revers offre un carré creux. M. Chabouillet exprime l'espoir que cette pièce curieuse figurera très-prochainement dans les collections du Cabinet des médailles et antiques de la Bibliothèque nationale.

M. Anatole de Barthélemy, au nom de M. Grellet Balguerie, associé correspondant national à Lavaur (Tarn), signale à la Société : 1º un triens mérovingien, sur lequel M. Grellet Balguerie lit au droit la légende IDΠGISIVS ; au revers SIGOALDVSMO ; 2º une bague en or découverte à Bordeaux il y a quelques années, et portant le nom de DOMOLINA. Cette bague appartient à M. Abadie, architecte. En outre, M. Grellet Balguerie fait savoir qu'à Lavaur il a trouvé quelques urnes, des haches celtiques en bronze ; il a aussi constaté l'existence de plusieurs souterrains-refuges et de tumulus qu'il explore, et dont il enverra les dessins et les plans.

M. le général Creuly annonce la découverte d'un oppidum gaulois près de Luzech en Quercy, bourg situé à l'ouest de Cahors sur la rive droite du Lot.

M. Demarsy, associé correspondant national à Compiègne (Oise), lit la note suivante :

« M. Ch. Louandre, dans le IVᵉ volume des Monuments inédits de l'histoire du Tiers-État dans le Nord (collect. Aug. Thierry), donne une note très-sommaire sur quatre communes du Ponthieu mentionnées par des chroniqueurs, et dont il n'est plus possible de retrouver la trace actuelle ou dont l'existence n'est pas suffisamment établie.

« L'une d'elles est celle de *Merck* indiquée dans la chronique mss. de Rumet comme ayant été établie en 1209 par Guillaume, comte de Ponthieu, à l'instar de la commune d'Abbeville. On pourrait croire, ajoute M. Louandre (p. 781), que ce nom s'applique au village de *Mers*, situé à l'extrême limite du Ponthieu, du côté de la Normandie, mais aucun document ne confirme cette supposition, et il faut s'en tenir à l'indication de Rumet en ajoutant que cette indication s'applique à une localité maintenant inconnue [1].

« Nous croyons qu'il est possible de préciser la situation de l'ancienne commune de *Merk*, et qu'on doit la placer à Merk-Saint-Liévin (*alias* Saint-Léger), canton de Fauquembergue (Pas-de-Calais). Cette localité est, il est vrai, éloignée d'Abbeville, capitale du Ponthieu, et c'est ce qui fait que M. Louandre n'a pas songé à l'assimiler à l'indication de Rumet. Mais nous voyons dans ce chroniqueur lui-même qu'originairement le Ponthieu était beaucoup plus étendu qu'il ne l'a été par la suite, et que les comtes de Ponthieu ont souvent réuni entre leurs mains tout ou partie du Boulonnois, des comtés de Saint Pol ou de Thérouanne et de Guisnes. Nous voyons par de nombreux actes cités par Rumet et par les autres historiens du Ponthieu (le P. Ignace, Deverité, Louandre père), qu'ils avaient conservé des droits en Artois, tant à cause du Ponthieu que de Montreuil dont ils étaient seigneurs.

« La plupart de ces lieux ont continué à être compris dans le bailliage d'Amiens; et c'est sur cette raison aussi que nous appuyerons pour fixer à Merk Saint-Liévin, la commune de Merk. En effet, lors de la rédaction des coutumes en 1507, nous trouvons dans les coutumes locales d'Amiens (publiées par M. Bouthors dans les documents inédits de la Société des Antiquaires de Picardie, t. II, p. 654-655), les procès-verbaux des coutumes de *Merk Fauquembergue* et de *Merk Saint-Léger*, dépendant de *Fauquembergue* et de la châtellenie de *Rumilly*. — De plus, les coutumes de Merk sont intitulées « coustumes, usaiges et stilz *de la ville* de

---

1. Voici le passage de Rumet que nous transcrivons, d'après l'exemplaire que nous possedons de cette chronique, exemplaire annoté par Buteux et Traullé « L'an 1209, le comte Guillaume, du consentement d'Aalis, son épouse, de Simon de Boulogne, son gendre, de Marie, sa fille ; de Louis et de ses barons, accorde la loy et commune aux habitants de *Merk* à l'instar des droits et coutume d'Abbeville. »

Merques, appartenant aux maïeur et eschevins de Fauquembergue, etc. », — et nous devons remarquer que cette indication de ville n'est pas donnée pour les localités qui
n'étaient pas d'anciennes communes, localités qui sont simplement qualifiées de terres. »

M. Pol Nicard soumet à la Société quelques observations
sur la statue de Vénus trouvée à Milo, dont il déclare ne pas
approuver la disposition nouvelle. Il propose à la Société de
se transporter, dans une prochaine séance, au Musée des
Antiques pour examiner les trois plâtres, représentant trois
attitudes diverses de cette statue, qui ont été récemment
exposés.

M. Victor Guérin communique quelques-uns des résultats
de sa mission en Palestine. Il fait remarquer que la question
plusieurs fois soulevée des constructions hérodiennes du
temple de Jérusalem, doit être résolue par voie de com-
paraison.

Dans ce but il a exploré, lors de son dernier voyage en
Orient, les constructions hérodiennes existant encore sur
plusieurs points de la Palestine. Il signale, comme étant
particulièrement dignes d'attention, celles qui subsistent
dans les ruines de Jéricho, de Phasaelis et d'Archelaïs, et
donne des détails très-précis sur chacun de ces emplacements antiques.

Séance du 1ᵉʳ Mai.

Présidence de MM. Cocheris, ancien président, et Léopold
Delisle, vice-président.

Correspondance.

M. le président présente à la Société les tomes XVI et
XVII des Mémoires de l'Académie impériale des sciences de
Saint-Pétersbourg, ainsi que le compte-rendu de la Commission impériale archéologique pour l'année 1869, avec
une lettre d'envoi de M. Tiesenhausen.

Sur la proposition de M. le président, M. Egger se charge de présenter un rapport à la Société sur ces diverses publications.

Travaux.

M. le baron de Witte lit en communication un travail sur une coupe peinte par Euphronius, et récemment acquise par le Musée du Louvre. Cette coupe représente les exploits de Thésée. A l'extérieur, est figuré Thésée au fond des flots, reçu par Amphitrite.

M. Egger lit, au nom de M. Albert Dumont, la note suivante :
« L'inscription que reproduit le dessin ci-joint, est gravée sur un fragment d'Hermès, conservé dans une des caves du *Varvakeion* à Athènes. Cet Hermès, comme beaucoup de ceux qui ont été trouvés en 1860 dans les fouilles qui ont fait découvrir les stèles éphébiques, portait le buste d'un cosmète.

« L'inscription doit se lire ainsi :

Οἱ ἐπὶ Ἀρδυο[ς ἄ]ρχο[ντος
Ἔφηβοι τὸν ἑαυτῶν κο-
σμητὴ]ν Σωτέλην Βα-
σιλέι]ου Ἑστιαιόθεν τὸν κα
. . . . . πον
[ἀνέστησαν?]

« Le mot ἄρχοντος n'est pas douteux ; la restitution βα[σιλεί]ου au contraire n'est que probable. Je ne propose aucune conjecture pour l'épithète honorifique qui suivait le nom du cosmète, et qui, du reste, n'a que peu d'intérêt pour nous.

« Ce texte est important ; il fait connaître 1° un archonte athénien nouveau, Ἄρδυς, 2° un cosmète de l'Ephébie, également inconnu jusqu'ici, Σωτέλης.

« Je n'ai pas trouvé dans les listes d'Ephèbes de l'époque impériale d'athénien du nom d'Ἄρδυς qu'on puisse identifier avec l'archonte. Le style des lettres ne permet aucune conjecture ; car du Ier siècle au IIIe, les monuments éphébiques offrent les alphabets les plus variés.

« Un magistrat éphébique, du dême d'Ἑστίαια, est donné par une inscription comme fils de Σωτέλης [1] ; c'est Ἡρακλέων Σωτέλοος Ἑστιαιόθεν, hypopaidotribe sous l'archontat de Πείσων. L'hypopaidotribat était une des principales fonctions de l'Ephébie ; les citoyens qui la remplissaient appartenaient d'ordinaire à des familles distinguées qui pouvaient fournir des cosmètes au collége ; si le cosmète Σωτέλης est père de l'hypopaidotribe Ἡρακλέων, il faut placer l'archontat d'Ἄρδυς dans la seconde moitié du IIe siècle avant notre ère, de l'année 150 à l'année 160. J'ai fixé en effet la date de l'archonte Πείσων à l'année 173. (*Chron. des arch.*, p. 101). Ἡρακλέων Σωτέλους Ἑστιαιόθεν figure sur un Hermès encore inédit, mais qui ne fournit aucun renseignement pour la date de l'archonte Ἄρδυς.

« Le nom Ἄρδυς se rencontre surtout en Lydie et en Syrie ; on sait combien étaient nombreuses à Athènes sous l'empire les familles originaires de la Syrie. »

Cette note est renvoyée à la commission de publication.

---

1. *Essai sur la chronologie des Archontes*, tableau VII.

Séance du 8 Mai.

Présidence de M. Léopold Delisle, vice président.

Correspondance.

La Société apprend avec regret la mort de M. Rondier, associé correspondant national pour le département des Deux-Sèvres, et du baron de Pfaffenhoffen, associé correspondant étranger pour le grand duché de Bade.

M. Octave Teissier, receveur municipal à Toulon (Var), écrit pour offrir un exemplaire de son ouvrage intitulé · L'*Histoire de Toulon au moyen-âge*, avec quelques opuscules sur les antiquités de cette ville. — M. Teissier est présenté, pour le titre d'associé correspondant national, par MM. de Barthélemy et Prost. Sont nommés commissaires : MM. Cocheris, de Montaiglon, de la Villegille.

M Buhot de Kersers écrit de Bourges pour offrir plusieurs publications à l'appui de sa candidature, au titre d'associé correspondant national. Présentateurs: MM. Aubert et Duplessis. — Commissaires : MM. de Barthélemy, Bertrand, Quicherat.

Travaux.

M. Guérin continue ses communications sur son récent voyage en Palestine. Il donne quelques détails sur l'emplacement probable de la ville hérodienne d'Archélaïs, aujourd'hui détruite, et sur les ruines qui couronnent le mont Sarthaba, hauteur qui n'est pas nommée dans la Bible, mais qui est signalée par le Talmud comme une montagne très-connue.

M. Heuzey présente deux fragments rapportés de Palestine par M. de Saulcy, et appartenant au Musée du Louvre. Le premier est une clef de pierre que M. de Saulcy pense avoir servi à unir deux blocs salomoniens. L'autre est un petit vase orné de lignes brunes entrecroisées, formant un dessin géométrique : il a été trouvé à une profondeur de

15 mètres, lors des fouilles faites dans la voie des Sept-Douleurs pour la construction du couvent de Notre-Dame de Sion. M. de Saulcy y voit un vase jébuséen.

A l'issue de la séance, les membres présents de la Société, conformément à la proposition de M. Nicard, visitent les deux moulages de la Vénus de Milo encore exposés dans une salle du Musée des antiques. La discussion est remise à une prochaine séance.

Séance du 15 Mai.

Présidence de M. Léopold Delisle, vice président.

Communications.

M. Perrot lit, en communication, une note de M. Albert Dumont sur un miroir grec, orné de dessins au trait, trouvé à Corinthe.

M. Nicard communique une lettre de M. Keller, président de la Société des Antiquaires de Zurich, annonçant que les livres envoyés par la ville de Zurich à la ville de Strasbourg, ont été réunis à la bibliothèque de l'Université nouvellement fondée dans cette ville. Cette communication est renvoyée à la commission nommée à cet effet.

M. Léopold Delisle communique à la Société un fragment d'inscription carlovingienne, récemment trouvé à Paris, à l'angle du boulevard Saint-Marcel et de la rue de la Collégiale. La Société décide qu'un dessin de cette inscription sera inséré au bulletin.

M. Prost lit la note suivante relative à la Vénus de Milo :
« On propose de redresser le mouvement général de la *Vénus de Milo* qui, dans l'état actuel, incline du côté droit, et d'obtenir ce résultat : 1° en retirant une cale qui existe maintenant du côté gauche de la statue entre les deux blocs superposés qui la constituent ; 2° en introduisant une cale nouvelle sous le côté droit de la plinthe qui forme le socle de la statue.

« Mercredi dernier, à l'issue de la séance, la Société s'est rendue dans une salle du Louvre, où sont exposés deux moulages de la Vénus de Milo : l'un, reproduisant la statue dans son état actuel ; l'autre, la représentant après la réalisation des deux modifications dont il vient d'être parlé.

« Les avis ont été partagés sur le mérite du changement qui résulte de ces modifications. Quelques-uns, et je suis du nombre, trouvent que le redressement de l'aplomb donne à la figure dans son ensemble, un aspect plus sérieux et plus calme. C'est là un caractère qui rentre tout particulièrement dans les intentions de la statuaire antique et qui satisfait aussi le goût au point de vue de l'art proprement dit. Mais ces considérations ne doivent pas seules, je le reconnais, décider de l'opinion d'une Société qui fait passer naturellement les intérêts de l'archéologie et de la vérité historique avant ceux de l'art pur.

« Un de nos confrères demande à la Société des Antiquaires de France son avis sur la question. Elle trouvera bon probablement de se préoccuper bien moins de donner satisfaction au goût seulement, que de rendre le plus possible au monument son aspect originaire quel qu'il soit. Il faut incontestablement pour cela retirer la cale introduite malencontreusement entre les deux blocs superposés pour modifier leur aplomb ; mais il faut, en même temps, s'interdire de relever par une cale nouvelle un des côtés du socle. Ce socle, dont il reste assez de parties anciennes pour accuser son caractère propre, a maintenant sa surface supérieure à peu près horizontale ; et l'on ne doit pas douter que, dans l'antiquité, la statue n'ait été posée de manière à assurer à ce socle cette horizontalité. Il faut la lui conserver. Il n'y aurait donc qu'une seule modification, et non pas deux modifications, à apporter à l'état actuel de la statue. Le changement désirable, consistant uniquement dans l'enlèvement de la cale introduite entre les deux blocs de la statue, était réalisé dans un troisième moulage que j'ai vu, mais qui avait été retiré avant la visite faite par la Société des antiquaires. Il est fâcheux que la Société n'ait pas été à même de l'apprécier, car c'est celui-là précisément qu'il serait souhaitable, à mon avis, qu'elle approuvât, quoique le changement qui s'y trouve accusé, fût peu considérable.

« En conséquence, je propose à la Société d'émettre l'avis que la *Vénus de Milo* doit être remontée sans la cale introduite et existant actuellement entre les deux blocs qui la constituent, mais aussi sans l'introduction d'une cale nouvelle pour relever le côté droit de la plinthe antique qui lui sert de socle ; la surface supérieure de ce socle devant rester parfaitement horizontale. »

M. Anatole de Barthélemy continue la lecture du mémoire de M. Jules Loiseleur sur les *jours Égyptiens*.

Séance du 5 Juin

Présidence de M. Boutaric, président.

Correspondance.

M. Schneller, président de la Société des Antiquaires des cinq cantons de la Suisse primitive, à Lucerne, écrit pour remercier la Société des Antiquaires de France, de l'envoi du tôme 32 de ses Mémoires.

Travaux.

M. Ed. Aubert, trésorier, expose la situation financière de la Société pendant les années 1870-1871 et les six premiers mois de 1872. Ce rapport est renvoyé à la Commission des fonds.

Il est donné lecture des rapports des commissions chargées d'examiner les candidatures de MM. Buhot de Kersers et Octave Teissier, au titre d'associé-correspondant national. On procède au vote. Chacun des candidats ayant obtenu la majorité voulue par le règlement, MM. Buhot de Kersers et Octave Teissier sont proclamés associés-correspondants nationaux, le premier, à Bourges (Cher), et le second, à Toulon (Var).

L'ordre du jour appelle le vote sur le rapport de la commission chargée d'examiner la proposition de M. Nicard, en date du 20 mars, demandant une modification au règlement. La commission, dont le rapport a été déposé dans la séance du 1er mai, conclut à la suppression, dans l'article 19 du règlement d'organisation intérieure, à la suite des mots : « … la Société peut en dispenser les savants étrangers, » de ceux-ci qui suivent immédiatement : « connus par d'im- » portants travaux archéologiques : elle peut même décider » leur admission sans une demande formelle de leur part, » mais en observant les autres formalités prescrites par les » articles 10 et 11 du règlement. » On procède au scrutin, et la modification proposée est adoptée à l'unanimité, moins une voix.

La Société décide ensuite, sur la proposition de M. Nicard, qu'elle offrira à la ville de Paris, en vue de la reconstitution de sa bibliothèque, un exemplaire de ses publications aussi complet qu'il sera possible.

M. Creuly présente, au nom de M. le docteur Jousset, associé-correspondant national à Bellesme (Orne), un fragment de pierre portant plusieurs caractères romains, trouvé à la Baderie, près de Bellesme. M. Creuly regarde ce débris épigraphique comme étant de deux époques différentes. On lit sur une face : CVSPIDIS, sur un des côtés : V M.
IT   FLV.

M. Quicherat entretient la Société de la découverte d'une sépulture gallo-romaine faite récemment en Vendée, et donne lecture d'une note de M Benjamin Fillon, associé-correspondant à Fontenay-le-Comte (dép. de la Vendée), publiée dans l'*Indicateur* de cette ville, en date du 23 mai.

M. Nicard termine la lecture du travail de M. Loiseleur « sur les jours appelés Égyptiens dans les calendriers du » moyen-âge. » Ce mémoire est renvoyé à la Commission des impressions.

Séance du 12 Juin.

Présidence de M. Boutaric, président.

Correspondance.

M. Octave Teissier, nommé associé-correspondant national à Toulon (Var), écrit pour remercier la Société de son élection.

M. de Linas, associé-correspondant national à Arras (Pas-de-Calais), envoie l'épreuve photographique d'un ivoire conservé dans le trésor de la cathédrale de Trèves. Il pose la question de savoir si l'objet est de fabrique orientale, c'est-à-dire byzantine ; ou s'il a été fait au ive siècle en Occident, soit sur les bords du Rhin, soit dans les Gaules. — M. Edmond Le Blant est prié d'examiner ce monument, et de faire connaître son avis à la Société.

Travaux.

M. Anatole de Montaiglon fait passer sous les yeux des membres de la Compagnie, un estampage qu'il a rapporté de Sens, et qu'il a pris sur le joli autel adossé à l'un des gros piliers du bas côté gauche de cette cathédrale, et élevé par l'archevêque Tristan de Salazar, qui en occupa le siége de 1475 à 1519, en face du tombeau de son parent La Tremouille, dont les débris existent encore dans les magasins de l'église. Le rétable de l'autel se compose d'un corps carré, qui présente de face, sous trois pinacles ouvragés d'une merveilleuse sculpture, trois niches plates ; celle de gauche a perdu sa statue, celle du milieu a une Vierge debout, portant l'enfant Jésus, et celle de droite un saint Étienne ; les faces latérales, très-étroites, offrent seulement et de chaque côté une petite armoire, avec une porte en bois sculpté. On rencontre dans les ornements des moulures, comme sur les quatre grandes colonnes de marbre noir du tombeau qui faisait face à cet autel, les étoiles et

les feuilles de panais qui figurent dans les armes écartelées
des Salazar. Enfin sur la façade principale, au-dessous des
niches et immédiatement au-dessus de la table de l'autel,
maintenant rasé, se trouvent trois caissons, larges et peu
élevés, dont l'ensemble forme frise ; celui du milieu et celui
de droite n'offrent qu'un élégant rinceau d'arabesques,
formé d'une plante portant à l'une de ses extrémités le buste
d'un petit génie. Dans celui de gauche, on voit une figurine
et une branche analogues, mais ici il y a quelque chose de
plus ; d'abord trois épis qui peuvent n'être qu'un rappel,
comme on va le voir, ensuite les deux syllabes TE — NO,
c'est-à-dire TE — NON ; puis cinq autres épis, moins orne-
mentaux, rangés côte à côte et séparés l'un de l'autre,
qui ont bien l'air d'une partie de l'inscription, et enfin
les deux autres syllabes TE — HA. La lecture n'est pas douteuse, car les lettres sont fort élégantes et très-bien conservées, sauf le second I, dont la partie supérieure est un
peu atteinte mais sans laisser de doute sur la lecture. C'est
très-probablement un rébus qui était là pour être vu, et qui
ne pouvait pas ne pas l'être puisqu'il est exactement sous
l'œil. Est-ce une devise ? est-celle de Salazar ou tout simplement la signature de l'artiste ? Comme cette petite énigme
ne paraît pas avoir été expliquée, il peut être bon de la
signaler pour attirer sur elle l'attention, et en demander
l'explication à la sagacité des archéologues curieux ou à la
bonne fortune d'une trouvaille du hasard.

M. Guérin continue la relation de son dernier voyage en
Palestine. Il parle des villes de construction hérodienne
situées sur les bords de la Méditerranée, et notamment de
Césarée dite *maritime* (aujourd'hui Kirbet-Kessarieh) dont
le port, décrit par Josèphe, était comparable au Pirée.
M. Guérin, qui a visité trois fois cet emplacement antique
(en 1854, en 1863 et en 1870) signale la diminution progres-
sive des ruines, d'autant plus rapide que le voisinage de la
mer facilite l'enlèvement et le transport des matériaux. Ces
ruines présentent deux cités circonscrites l'une dans l'autre :
1º la cité des Croisades, qui a été décrite par M. Rey ; 2º la

cité antique, beaucoup plus vaste que la précédente. M. Guérin a reconnu dans cette dernière les vestiges des édifices suivants : 1º un temple d'Auguste cité par Josèphe, transformé plus tard en basilique chrétienne, puis en mosquée, pour redevenir au moyen-âge une église ; 2º un théâtre, dont quelques débris de style grec sont reconnaissables encore, notamment dans l'orchestre ; 3º un hippodrôme, dont la *spina* était ornée d'un obélisque sans hiéroglyphes, scié en trois par les Arabes qui n'ont réussi à en détacher que le pyramidion, retrouvé par M. Guérin en 1854 dans le port d'où il a disparu depuis ; 4º un aqueduc. L'enceinte de la ville antique présente l'application simultanée des deux systèmes d'architecture, l'appareil polygonal et l'appareil régulier : c'est un fait dont la Grèce même offre des exemples. L'enceinte du moyen-âge, étroite comme à Ascalon, renferme le château des Croisés.

M. Quicherat revient sur l'article de l'*Indicateur de la Vendée* dont il a donné connaissance à la Société dans sa dernière séance. Un autre article du même journal antérieur de quelques semaines, (nº du 31 mars 1872), lui permet de compléter la relation de ce qui a été trouvé à l'Ilot-les-Vases de Nalliers.

La première découverte a été celle d'une sépulture qui avait été contenue dans un cercueil. Il ne restait de celui-ci que les ferrements. Une quantité prodigieuse de vases avait été enfouie avec le mort. On a compté les débris de plus de vingt vases de verre, et ceux de terre étaient encore plus nombreux. Il y avait un flacon en verre bleu de la forme d'une petite amphore, un autre fait comme une grappe de raisin. Le fond d'une fiole brisée portait une marque de fabrique imprimée en creux. C'est un médaillon sur lequel on lit les initiales A. F., entourées de la légende A. V. M. CN. ALINGV. Il n'est pas facile d'expliquer les sigles qui composent la plus grande partie de cette inscription. M. Benjamin Fillon a conjecturé que le mot *alingu* pourrait être l'abréviation de *Alingone* ou *Alingonensis*, et s'appliquer au lieu du Langon, qui n'est pas éloigné de l'Ilot-les-Vases.

Les marques recueillies par M. Fillon sur les fragments de poterie en terre rouge lustrée, sont celles-ci : CHRESII. M; I. EPPI; Q. VC.; MEDOLIS.

Séance du 19 Juin.

Présidence de M. Boutaric, président.

Correspondance.

M. Jules Cousin, bibliothécaire de la ville de Paris, écrit pour remercier de l'envoi des *vingt-six volumes* de Mémoires que la Société des Antiquaires de France a offerts à la Bibliothèque de la ville de Paris.

M. l'abbé Cérès, de Rodez (Aveyron), écrit pour annoncer sa candidature au titre d'associé-correspondant national. Présentateurs : MM. le général Creuly et Ed. Aubert. — Sont nommés membres de la commission : MM. de Barthélemy, Brunet de Presle, Guérin.

Travaux.

Les membres présents de la Société, sur la proposition de M. Read, se transportent dans le cabinet de M. Reiset, conservateur du musée de peinture, pour examiner un tableau du xvi⁰ siècle, peint sur bois, représentant une bataille qu'on croit être celle de Pavie; M. le président prie M. Duplessis de se charger de rendre compte de ce tableau à la Société.

M. de Witte communique à la Société le dessin d'un curieux bronze, trouvé il y a peu de temps dans le département du Jura. Ce bronze représente *Diane*, en habits de chasse, montée sur un *sanglier ;* la déesse tient dans la main droite une flèche; la gauche qui manque tenait l'arc; le carquois est placé derrière le dos. Malheureusement la tête a été cassée et n'a pas été retrouvée. Le sanglier est fixé sur une plaque de bronze, au milieu de laquelle on remarque une ouverture assez étroite et large d'environ

70 millimètres. M. de Witte croit que cette ouverture indique un *tronc*, destiné à recevoir les offrandes des dévôts, et il rappelle à cette occasion la statue d'Epona, à cheval, conservée au cabinet des médailles et sous laquelle il existe également l'ouverture d'un tronc.

Le curieux bronze représentant Diane montée sur un sanglier, appartient à M. Charvet, qui a eu l'obligeance de permettre que M. de Witte en fit faire un dessin pour être mis sous les yeux de la Société.

M. de Witte se propose de faire un travail sur cet intéressant monument.

M. Nicard continue la lecture de son mémoire sur les historiens arméniens.

M. Quicherat demande la rectification d'une inscription qu'il communiqua à la Société l'année dernière, et qui a été rendue d'une manière inexacte dans le *Bulletin*, (séance du 15 mars 1871, p. 9). Cette inscription se compose uniquement du nom propre EXOPE — RIO — S (cette dernière lettre retournée), écrit ainsi en trois parties et en caractères latins, non pas en lettres grecques, autour d'une croix gravée grossièrement sur la face d'un claveau d'arcade. Ce claveau avait été transporté depuis peu au musée de Marseille, lorsque notre confrère en entretint la Société. L'écriture et la forme de la croix annoncent un monument du vi^e siècle.

EXTRAIT DES PROCÈS-VERBAUX
DU 3e TRIMESTRE DE 1872.

Séance du 3 Juillet.

Présidence de M. BOUTARIC, président.

Correspondance.

M. le président donne lecture d'une lettre de M. le ministre de l'instruction publique annonçant qu'il accorde à la Société une indemnité de 600 francs.

M. Buhot de Kersers, nommé associé-correspondant national, écrit de Bourges, à la date du 18 juin, pour remercier la Société.

Travaux.

M. Jules Quicherat, rapporteur de la commission chargée d'examiner la candidature de M. Auguste Castan, bibliothécaire de la ville de Besançon, donne lecture de son rapport, qui conclut à l'admission du candidat. On procède au vote. M. Castan, ayant obtenu la majorité des suffrages, est proclamé associé-correspondant national de la Société des Antiquaires de France pour le département du Doubs.

M. Léopold Delisle, rapporteur de la commission chargée d'examiner la candidature de M. l'abbé Grasilier (de Saintes), donne lecture de son rapport dont la conclusion est favorable à l'admission du candidat. On procède au vote. M. l'abbé Grasilier, ayant obtenu la majorité des suffrages, est proclamé associé-correspondant national de la Société des Antiquaires de France pour le département de la Charente-Inférieure.

Il est donné lecture du rapport de M. Duplessis, concernant un tableau du xvi⁰ siècle, sur lequel M. Reiset, conservateur du Musée de peinture, a demandé l'avis de la Société :

« M. Reiset, conservateur de la peinture, des dessins et de la chalcographie, a appelé l'attention des membres de la Société des Antiquaires de France, sur un ancien tableau dont le possesseur actuel désirait se défaire en faveur du musée du Louvre et a demandé à la Société de lui donner son avis sur cette peinture qui intéresse à un même dégré l'art et l'histoire. Nous avons cru devoir répondre à une invitation aussi courtoise et aussi spontanée, et nous soumettons à la Société le résultat de nos recherches. Ce tableau d'un mérite incontestable est peint sur bois; il représente une bataille livrée sous les murs d'une ville fortifiée ; son auteur nous est inconnu, et le nom d'Albert Durer, prononcé à son sujet, nous paraît inadmissible. Le comte de Raczinski, qui a déjà signalé ce tableau lorsqu'il faisait partie de la collection de M. Antoine de Salhanda e

Castro (*Les arts en Portugal.* Paris, 1846, in-8°, p. 276 et *Dictionnaire historico-artistique de l'Espagne.* Paris, 1847, in-8°, pag. 75), se refuse déjà à reconnaître l'attribution illustre sous laquelle le désignaient ses possesseurs successifs, et avoue que « l'opinion qui fit attribuer ce tableau à Albert Durer est difficile à soutenir. » Nous dirons plus : nous croyons qu'il est permis d'affirmer que Durer, mort en 1528, qui travailla peu dans les dernières années de sa vie, n'est pas l'auteur de ce tableau qui, bien que témoignant de qualités sérieuses et révélant un artiste habile, ne possède en aucune façon le caractère propre aux œuvres de ce maître, une extrême délicatesse d'éxécution unie à une science profonde du dessin, science poussée quelquefois jusqu'à la minutie. L'œuvre est allemande à n'en pas douter ; elle appartient à cette école des bords du Rhin qui, à côté d'artistes connus, fournit un grand nombre de peintres dont les œuvres seules ont survécu ; s'il fallait cependant attribuer à quelqu'un cet ouvrage, nous pensons que le nom qui aurait le moins de chance d'être contesté serait celui d'Hans Sebald Beham, peintre et graveur, né à Nuremberg en 1500 et mort à Francfort-sur-le-Mein vers 1550, dont le musée du Louvre possède déjà une peinture excellente, portant dans le livret des écoles flamande, hollandaise et allemande, le n° 14. Cette attribution ne nous satisfait pas absolument ; elle nous semble cependant se rapprocher de la vérité plus qu'aucune autre et digne, en tout cas, d'être préférée à celle qu'une opinion ancienne avait jusqu'à un certain point fini par accréditer.

« La seconde question qu'il s'agit d'examiner consiste à savoir quelle bataille le peintre a entendu représenter, quel fait de l'histoire il a eu en vue lorsqu'il a composé ce tableau. Sur ce point notre conviction est faite, et nous espérons prouver que ce tableau ne peut réprésenter autre chose que la bataille de Pavie, livrée le 24 février 1525. Si l'on examine avec soin les costumes des combattants, les armures des cavaliers et les caparaçons des chevaux, — et cette source d'information doit être la première interrogée, — on acquiert promptement la certitude que la scène se

passe au commencement du règne de François Ier, entre les
années 1520 et 1530. A aucun autre moment de l'histoire
on ne retrouve ces pourpoints tailladés, ces chausses bouf-
fantes, ces larges chapeaux empanachés que les reîtres et
les lansquenets affectionnaient et que les Suisses, en toute
occasion, portaient à cette époque, lorsqu'ils se mettaient au
service des puissances en guerre. Les costumes que l'on
voit ici sont d'ailleurs identiquement semblables à ceux que
l'on retrouve à Rouen, à l'hôtel de Bourgtheroulde dans les
bas-reliefs qui représentent l'entrevue du camp du Drap
d'or. Les étendards qui apparaissent dans la mêlée sont aux
couleurs de la France, de la Bourgogne et de l'empire
d'Allemagne et désignent naturellement la nationalité des
armées belligérantes ; un épisode particulier suffirait
d'ailleurs pour nous convaincre : un cavalier plus riche-
ment vêtu que les autres, absolument dissimulé sous une
armure dorée, la tête cachée sous un casque dont le
cimier est surmonté d'une couronne fleurdelisée, se trouve
au milieu d'une troupe de cavaliers qui le serrent de près
et qui semblent le désarmer ; son cheval tombe ; un éten-
dard aux armes de France, brisé, git à ses côtés ; le moment
est suprême ; tous les efforts de l'ennemi tendent à faire
rendre les armes au souverain en péril de mort qui se
défend avec rage et qui ne cède pas encore. Notre histoire n'a
pas heureusement à enregistrer assez de ces défaites terribles
où le souverain est contraint de subir l'humiliation de se
rendre pour qu'il ne soit assez facile, dès qu'un épisode de
cette nature apparaît, de deviner le fait exact que le peintre
a voulu retracer, malgré certaines inexactitudes et certains
anachronismes qui déroutent l'historien et qui excusent en
même temps l'hésitation qu'un examen superficiel a pu faire
naître en son esprit. Ces inexactitudes et ces anachronismes,
nous allons tâcher de les expliquer. La victoire inouïe des
troupes impériales, victoire rendue plus grande encore par
le fait de la prise du souverain, eut dans l'Allemagne un
retentissement immense et occupa longtemps tous les
esprits ; il est naturel d'admettre qu'un peintre fût désireux
d'en conserver le souvenir, en réunissant sur un même

panneau les épisodes divers de cette bataille désastreuse
pour nos armes. Celui-ci, qui n'avait pas assisté au combat,
qui n'en avait appris que ce que les vainqueurs lui avaient
conté, et qui ne connaissait sans doute pas le lieu où s'était
livrée la bataille, fut contraint de s'en rapporter aux descriptions qui lui étaient faites, aux récits des soldats qui
avaient pris part à l'action. Ces rapports verbaux ou ces
relations écrites, qui sont d'un grand secours pour l'historien qui veut conserver le souvenir d'un fait d'armes aussi
extraordinaire, sont bien insuffisants pour un peintre qui
a mission de retracer pour les yeux la scène telle qu'elle
s'est passée réellement. Peu au courant de la situation
topographique du pays, ignorant l'emplacement exact où
s'est passée l'action, il n'y a rien d'extraordinaire à ce
qu'il ait placé les combattants dans un paysage qui rappelle
imparfaitement les environs de Pavie, et qu'il ait donné aux
monuments de la ville une silhouette peu conforme à la
réalité. Si l'on se reporte en effet à ses souvenirs person-
nels, si l'on examine les vues de Pavie qui existent, on ne
tarde pas à reconnaître que l'auteur du tableau qui nous
occupe, n'a pas connu le pays où la bataille s'est livrée ; il
a composé un paysage à sa façon, mais il a eu soin cependant de donner aux monuments qu'il a représentés une
certaine apparence italienne; les deux ou trois églises dont
la silhouette se détache sur le ciel, ne rappellent en aucune
façon l'architecture allemande; elles donnent au contraire
un reflet de l'architecture italienne au xvᵉ siècle ; il n'est
pas jusqu'à ce monastère qui apparaît au premier plan, à
quelque distance de la ville, qui ne puisse rappeler la
Chartreuse de Pavie, située, comme on le sait, à quatre
kilomètres environ de la ville dont elle porte le nom. Les
montagnes qui terminent l'horizon paraissent fort déplacées
lorsque l'on connaît les plaines au milieu desquelles Pavie
est située; il n'est pas impossible cependant, que d'un des
points où l'armée combattit, l'on n'ait pu découvrir au
loin la chaine des Alpes, et que le peintre, pour le besoin
de son tableau, ait rapproché ces montagnes qui, beaucoup
plus éloignées en réalité, donnaient à sa composition un

encadrement naturel et satisfaisaient aux exigences pittoresques. Nous avons d'ailleurs à notre service, pour affirmer
que ce tableau représente bien la bataille de Pavie, une
preuve presque matérielle : une estampe sur bois contem-
poraine de l'événement, publiée en Allemagne et portant
une inscription gravée qui ne permet pas le doute, retrace
la bataille de Pavie d'une façon identique. L'aspect de la
ville est fort semblable, des montagnes terminent l'horizon
et les costumes des armées en présence, comme les étendards sous lesquels elles se rallient, sont exactement les
mêmes que dans le tableau en question.

« Il nous reste maintenant à indiquer la partie du tableau
qui déroute le plus l'historien à la recherche de la vérité,
nous voulons parler de ce groupe de Turcs, au milieu
duquel flottent deux étendards français, groupe que l'artiste
a relégué à un plan éloigné, mais qu'il n'a pas introduit
certainement sans motif dans sa composition.

« Quoiqu'aucun récit de la bataille de Pavie, que nous
sachions, ne mentionne la présence de Turcs parmi les
troupes françaises, il ne nous semble pas inadmissible que
le peintre qui composa ce tableau, voulant en même temps
qu'il célébrait la victoire de ses compatriotes, exciter la
haine que les Allemands nourrissaient contre la France, ait
placé avec intention des Turcs dans cette composition,
faisant ainsi allusion aux rapports occultes que François Ier
avait avec ceux-ci longtemps avant d'avoir contracté en 1534
avec la Turquie une alliance qui souleva l'indignation de
l'Europe chrétienne. Rien ne nous dit au surplus que ce
tableau fut terminé avant l'année 1534, et la présence de
ces Turcs pourrait même faire penser que le peintre voulant
insister sur cette alliance qui l'avait révolté, avait préféré
commettre un anachronisme plutôt que de ne pas publier
hautement les griefs qu'il nourrissait contre le roi de
France. »

M. Anatole de Montaiglon communique à la Société le
fragment d'une lettre à lui adressée par M. Beauchet-Filleau,
en date du 1er juillet, qui se rapporte à la question des

mesures de pierre, déjà traitée plus d'une fois dans le Bulletin de la Société des Antiquaires :

« Au commencement du xviii° siècle, une dame Marie Radégonde de Nerdes, veuve d'un sieur Claude Souchay, marchand de la ville de Poitiers, devait à l'Office claustral du Prévôt de l'Abbaye de Saint-Jean-de-Montierneuf (Poitiers), une rente de huit septiers de froment à la mesure de Montierneuf.

« Il y eut entre elle et le monastère des difficultés relatives à la contenance de cette mesure qui, d'après la débitrice, allait toujours en s'agrandissant et qu'elle voulait ramener à la capacité de la mesure royale, déposée dans la maison que possédait à Poitiers l'Abbaye du Pin.

« On trouve dans des mémoires publiés au sujet de cette affaire le curieux passage que nous allons citer textuellement.

« Jusques là les religieux n'avoient professé — comme ils l'ont fait depuis et comme ils l'ont mis en fait, ce qui a donné lieu à un Interlocutoire, — *que le bénitier de leur église étoit l'étalon de leur Boisseau*, et que souvent, lorsque ceux qui leur avoient payé leurs redevances étoient effrayés de leur Boisseau, pour les remettre de leur surprise *on avoit aussitôt envoyé à l'église, renverser l'eau bénite du bénitier et, le transférant à un usage profane, on l'avoit fait apporter dans le Grenier pour servir à mesurer le grain.*

« Il serait intéressant de pouvoir consulter les termes de cet Interlocutoire, mais je ne possède que le Factum, dont je viens d'extraire ces quelques lignes.

« Cette citation, rapprochée de ce que M. l'abbé Texier a relevé pour le Limousin, MM. Creuly et Anatole de Barthélemy pour la Bretagne, indépendamment des faits que vous rappelez d'après M. l'abbé Cochet, etc, indiquerait que dans notre Poitou on se servait également des mesures de ce genre pour les grains, et donnerait à croire que la prétention des moines de Montierneuf n'était peut-être pas sans fondement. »

M. Jules Quicherat présente à la Société une petite coupelle en pierre, trouvée à La Rose, dans la banlieue de

Marseille, et qui paraît avoir servi jadis à fondre des lentilles de métal. Cette coupelle présente 15 millimètres d'ouverture : on trouve un grand nombre de ces petits monuments aux environs de La Rose.

M. Edmond Le Blant, chargé d'examiner l'origine d'un ivoire de la cathédrale de Trèves, communiqué par M. de Linas, prie la Société de vouloir bien désigner pour ce travail un autre de ses membres. L'étude de cette question est renvoyée à M. de Longpérier.

M. Pol Nicard continue la première lecture de son mémoire sur les sculpteurs Crétois Dipœnus et Scyllis.

Séance du 10 Juillet.

Présidence de MM. Boutaric, président, et L. Delisle, vice-président.

Correspondance.

M. Castan, nommé associé-correspondant national à Besançon (Doubs), écrit pour remercier la Société de son élection.

Travaux.

Le rapporteur de la commission nommée pour examiner la candidature de M. l'abbé Cérès au titre d'associé-correspondant national, donne lecture de son rapport. On procède au vote. M. l'abbé Cérès, ayant obtenu la majorité des suffrages, est déclaré associé-correspondant national de la Société des Antiquaires de France, à Rodez (Aveyron).

M. de Barthélemy, au nom de la commission des impressions, donne lecture du rapport sur le mémoire de M. Jules Loiseleur, associé-correspondant national à Orléans, intitulé : « *Des jours égyptiens dans les calendriers du moyen-âge.* »

Les conclusions du rapport, proposant l'impression de ce mémoire, sont adoptées.

M. Chabouillet lit la note suivante :

« On a trouvé dernièrement aux environs de Craon (Mayenne), un statère d'or, gaulois, anépigraphe, qui paraît inédit.

« M. R. Pommerais, juge de paix de cette ville, qui l'a recueilli dans son cabinet, m'ayant confié le soin de le faire connaître, j'en ai communiqué un dessin à la Société dans une séance précédente. Aujourd'hui, je lui apporte une note sommaire destinée à en accompagner la gravure qui, suivant ses désirs, paraîtra dans un de ses prochains bulletins.

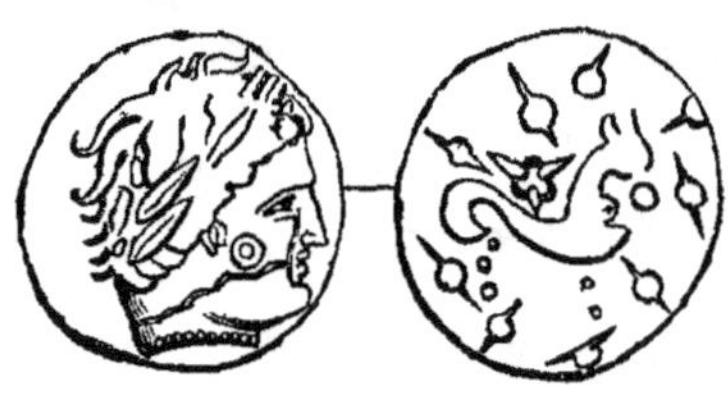

« Buste d'Apollon lauré, à droite. Sur la joue, on distingue un objet rond qui paraît percé d'un trou, une sorte de rouelle.

« R/. Animal chimérique, sorte de capricorne, ou d'hippocampe, au milieu de neuf figures singulières, étoiles ou rayons, dont la réunion rappelle certaines représentations du soleil sur les médailles grecques. Poids, gr. 8, 50. Conservation parfaite.

« Craon ayant fait partie de l'Anjou, c'est aux *Andecavi* qu'on serait tenté de donner ce précieux monument ; mais l'or ne reste pas comme le bronze et le potin dans l'endroit où on le frappe, et d'ailleurs, ce n'est pas sur une unique provenance qu'il convient de se baser pour rechercher la patrie d'une monnaie muette. Quant au type du revers du statère de M. Pommerais, j'incline à penser qu'il faut y voir le soleil dardant ses rayons. Aurait-on cette fois encore songé à imiter quelque monnaie grecque ? On serait autorisé à le supposer, puisque déjà le type du droit est emprunté à la Grèce ; je ne l'affirmerai pas cependant, mais je rapprocherai du type du revers de notre statère celui des médailles de Carthaea de l'île de Céos, sur lesquelles, au revers de la tête d'Apollon, tournée à droite, paraît non pas le capricorne, mais un animal, la partie antérieure d'un chien, au milieu de douze rayons, avec la légende KAPΘA et les lettres Σ Λ et non Σ A dans le champ, comme l'a cru Mionnet[1].

« Le soleil des médailles de Gambrium d'Ionie n'est pas non plus sans quelque analogie avec l'astre du statère de Craon ; mais il n'y a pas d'animal au centre de ses rayons[2].

« On voit encore le soleil assez semblable aux rayons de notre revers sur les médailles d'une ville au nom caractéristique, d'Uranopolis où l'on était certes bien placé pour observer ses révolutions, puisqu'elle se trouvait sur le sommet du mont Athos.

« Il y a sur les médailles de cette ville un astre dont les rayons sont séparés autant que les neuf figures de notre statère. Au revers, paraît Uranie, revêtue d'une longue robe, assise sur un globe et s'appuyant sur un sceptre ou sur un bâton destiné à tracer des figures astronomiques.

« Ici, puisque j'ai été amené à parler des monnaies de cette ville, qui sans doute dut son nom à son site, qu'il me soit permis d'en signaler une, qui n'a pas été connue par Mionnet et que le hasard a placée sous mes yeux, au moment même où je m'occupais du statère de Craon. Sauf de légères variantes, le type de cette médaille (du module 3 1/2 de Mionnet), est celui des monnaies de bronze, mais elle offre deux particularités bonnes à noter. Premièrement, elle est d'argent, et bien que, suivant Leake[3], les monnaies d'Uranopolis soient aussi communes que celles d'Acanthe, Mionnet[4], comme le célèbre voyageur lui-même[5], n'en cite que de bronze de la première de ces deux villes. Secondement, on n'y lit pas et on n'y a jamais pu lire le mot ΠΟΛΕΩΣ qui accompagne toujours le mot ΟΥΡΑΝΙΔΩΝ

1. Voyez Mionnet, T. II, p. 313, n. 15.
2. Voyez *Trésor de Numismatique. Galerie Mythologique*, Pl. XLI, n° 7, p. 133.
3. Voyez Leake. *Voyages in the northern Greece*. T. III, p. 148-149.
4. Mionnet. T. I, p. 505, n. 412 et supp. T. II, p. 174, n°° 1125 et 1126.
5. Voyez Leake, *Numismata Hellenica. Europ. Greece*. p. 109.

sur les pièces de bronze, et de plus, ici, la netteté de la finale
de l'ethnique démontre que Letronne[1] eut raison d'exprimer des doutes sur la leçon OYPANIΔEΩN supposée par Mionnet sur une des pièces de bronze du Cabinet de France[2] et
de préférer la leçon OYPANIΔΩN. Cette dernière est d'ailleurs
très-claire sur plusieurs des pièces de bronze de notre
Cabinet, où Mionnet l'a lue lui-même une fois[3]. Quant à la
vieille et vicieuse leçon OYPANIAΣ ΠOΛEΩΣ, il suffit de noter
que Mionnet, après l'avoir enregistrée en 1806, l'avait déjà
rejetée en 1824[4].

« La date de la médaille d'argent en question ne doit pas
être fort éloignée de l'origine d'Uranopolis : c'est peut-être
bien le prototype de toutes les monnaies de cette ville sur
laquelle les anciens ne nous fournissent que de maigres
notions. Pline, Athénée et Strabon en ont seuls parlé. Le
premier la nomme en passant ; c'est lui qui nous apprend
qu'elle était située sur le sommet du mont Athos, mais c'est
tout ce qu'il en dit[5], et c'est aux deux derniers que nous
devons de savoir qu'elle fut fondée par Alexarque et non
Alexandre, comme on le lit dans l'article consacré à cette
ville par Eckhel[6]. Ni Athénée, ni Strabon ne nous apprennent
en quelle année fut fondée Uranopolis ; mais comme ils
nous disent qu'Alexarque était le fils d'Antipater et le frère
de Cassandre, roi de Macédoine, morts l'un en 319, l'autre
en 298 avant J-C, il est clair que cette ville ne doit pas
remonter plus haut que la fin du iiie siècle avant J. C. Si l'on
en juge par le choix de son site, par le nom qui lui fut
donné, par le type de ses monnaies, il semble que le frère

1. Voyez article de Letronne sur le *Voyage en Macédoine* de Cousinéry, dans
le *Journal des Savants* de février 1835, p. 87.
2. Mionnet. Supplément. T. III, p. 174, n° 1125.
3. *Ibid.* n° 1126.
4. Mionnet. T. I, p. 505, n° 412, et Supplément, t. III, p. 174, note pour le
n° 1125.
5. Hist. nat. IV. X.
6. *Doctrina numorum veterum.* T. II, p. 180. Là, l'illustre jésuite cite
Athénée et Pline, comme les seuls anciens qui à sa connaissance aient parlé
d'Uranopolis. Il y aurait ajouté Strabon, s'il avait eu entre les mains les excel-
lentes tables de matières de nos éditions modernes.

de Cassandre, qui se mêlait de philosopher, au rapport d'Athénée, s'occupa particulièrement d'astronomie, et qu'en fondant Uranopolis, il songea à en faire un centre d'études astronomiques; toutefois les textes où cette ville est mentionnée ne contiennent rien à cet égard. Strabon dit simplement en parlant du mont Athos, que c'est là qu'Alexarque fils d'Antipater fonda la ville d'Uranopolis, de 30 stades de circuit[1]. Quant à Athénée, ayant occasion de parler d'Alexarque, frère de Cassandre, roi de Macédoine, il se coutente de mentionner rapidement la fondation d'Uranopolis, sans en indiquer les motifs[2].

« Mais revenons au statère de M. Pommerais. Pour me résumer, sans affirmer que ce soit une imitation de quelqu'une des monnaies grecques dont je viens de parler, je crois utile de soumettre les rapprochements qui précèdent aux numismatistes qui s'occupent spécialement de l'étude des monnaies gauloises. Quoi qu'on en puisse penser, le monument est désormais livré à la discussion. Espérons qu'on l'expliquera définitivement quelque jour.

« En attendant, je ne puis me dispenser de rapprocher du statère de M. Pommerais deux monnaies de la collection de notre confrère M. de Saulcy, qui vient de passer tout entière sous mes yeux, et cela depuis la communication qu'on vient de lire.

« Ces pièces sont classées par M. de Saulcy parmi les Armoricaines indéterminées et portant les numéros 656 et 657 dans son catalogue manuscrit. La première est un statère dont on ne connaît en tout que deux exemplaires trouvés ensemble aux environs d'Orléans; la seconde est un quart de statère qui a été trouvé dans le Finistère. Sans dater de la même époque et sans être sortis du même coin, le statère de Craon et celui des environs d'Orléans

1. Cf. Strabon, VII, 36. Ed. Didot, p. 280. Ὅπου Ἀλεξάρχον τὸν Ἀντιπάτρου πόλιν ὑποδείμασθαι τὴν Οὐρανόπολιν τριάκοντα σταδίων τὸν κύκλον ἔχουσαν.

2. Cf. Athénée. III, 98. Τοιοῦτος ἦν καὶ Ἀλέξαρχος, ὁ Κασσάνδρου τοῦ Μακεδονίας βασιλεύσαντος ἀδελφὸς, ὁ τὴν Οὐρανόπολιν καλουμένην κτίσας.

procèdent évidemment d'une même idée. Sur l'un comme sur l'autre, figure au droit une tête d'Apollon avec rouelle sur la joue, et au revers un animal au centre de rayons ou d'étoiles; seulement, on y remarque en outre une ligne serpentine qui coupe la joue de l'Apollon. Quant au style, le statère de M. de Saulcy est barbare et son type est moins nettement accusé que celui du statère de M. Pommerais, en raison de sa conservation qui laisse à désirer. Quant au quart de statère, la barbarie y est encore plus accentuée que sur le statère, mais il est d'or plus pur et de meil leure conservation. »

M. Chabouillet annonce ensuite que le cabinet des médailles vient de s'enrichir d'une pièce fort intéressante, en ce qu'elle se rattache à l'histoire de l'empire des Gaules.

« C'est, dit-il, un petit bronze inédit de Victorin, qui pourrait bien avoir été trouvé en Touraine, car c'est d'une collection formée dans cette province qu'il nous est arrivé. En voici la description:

« IMP. C. VICTORINVS. P. F. AVG. Tête radiée à droite.

« R/ : Statue équestre tournée à droite, sur un piédestal de forme ronde orné de sculptures, placée dans un temple distyle. Sur le fronton de ce temple, on distingue un quadrige triomphal; mais la mauvaise conservation ne permet pas de distinguer si c'est une divinité ou Victorin lui-même qui est placé dans le char. Petit bronze. Légende effacée.

« C'est là un type tout à fait nouveau, un type véritablement historique et autrement précieux que ceux qui nous donnent des représentations banales des divinités du paganisme. Évidemment, nous avons ici la figure d'une statue

équestre élevée en l'honneur de Victorin. L'édifice dans lequel nous voyons cette statue était-il réellement un temple ?
Serait-ce un édifice du genre des basiliques de l'ancienne
Rome ? Cet édifice a-t-il été élevé en l'honneur ou par les
ordres de Victorin ? Dans quelle ville de l'empire gaulois
peut-on supposer qu'il se trouvait ? Ce sont toutes questions
que je laisse à décider à notre confrère M. le baron de
Witte, qui, comme on sait, a déjà commencé la publication
d'une ample et savante monographie des empereurs qui
ont régné dans les Gaules. »

M. Anatole de Barthélemy présente à la Société, au nom
de M. Castan, associé-correspondant, les dessins et l'empreinte galvanoplastique de deux monnaies en bronze,
réputées antiques, conservées dans le médailler de la ville
de Besançon.

« L'une porte au droit: FABIA ORESTILLA AVGVSTA. Buste
diadèmé de femme, tourné à droite. R/: CONCORDIA. S. C.
femme debout, la jambe gauche croisée, le bras gauche
appuyé sur une colonne, tenant de la main droite une patère.
En examinant à la loupe ce revers, il semble que l'on
aperçoive les traces d'une palme que le personnage aurait
tenue de la main gauche.

« La seconde monnaie présente au droit une tête virile
tournée à droite, derrière on lit CASCA. — R/: Un navire
dont la proue est terminée par une tête qui n'est que la
reproduction du profil gravé au droit.

« Le premier de ces monuments serait une monnaie frappée
à l'effigie de *Fabia Orestilla*, femme de Gordien Ier l'Africain.
Le second donnerait les traits de *P. Servilius Casca*, qui
eut le triste honneur de porter le premier coup de poignard
à César.

« Ces deux médailles, qui auraient un grand intérêt historique et iconographique si leur authenticité était incontestable, ont été étudiées par MM. le baron de Witte, Chabouillet et Cohen. Ces numismatistes se sont accordés à y
reconnaître des pièces apocryphes copiées sur des monnaies
antiques complétement refaites au burin. Le grand bronze

d'Orestilla aurait été, suivant eux, fabriqué au moyen d'une médaille de Julie Mammée. Il est à noter que la *Concorde* qui paraît sur des pièces contemporaines des Gordiens, est toujours représentée *assise*.

« Le grand bronze de *Casca*, paraît avoir été fait sur une monnaie d'Auguste, de la colonie de Lyon : de la légende CAESAR gravée derrière le profil de la pièce authentique on a fait CASCA ; la tête qui termine la proue est de pure invention. »

La Société reçoit ensuite communication : 1° de la part de M. l'abbé Baudry, correspondant au Bernard, l'empreinte d'un sceau de la seconde moitié du xiiie siècle, trouvé sur l'emplacement de l'ancien prieuré des Fontaines, et portant la légende: +S'PRIORIS.S'EGIDI'D'SVR. — 2° De la part de M. de Fontenay, correspondant à Autun, le compte-rendu de diverses découvertes archéologiques, dont la principale est celle d'une inscription romaine attestant l'existence du culte de Mercure au mont de Senne, commune de Santenay (Côte-d'Or), et provenant des fouilles de MM. Letorey frères. (Voir l'*Écho de Saône-et-Loire* du 14 mai 1872.)

AVG. SACR.
·...MERCVRIO
...NSORINVS
...AVLLINI.FILIVS
EX.VOTO

—3· De la part de M. Dietrich, de Belfort, le dessin et la description d'un monolithe avec inscription, trouvé par lui en 1870 à Horbourg, près Colmar, dans un champ voisin de la rivière d'Ill. Ce monolithe, qui mesure 1^m90 de longueur sur 0^m43 de largeur et 0^m37 de hauteur, est un poudingue de grès jaunâtre, très-friable et non taillé, sur lequel sont gravées des lettres longues de plus de 22 centimètres et appartenant à une langue non encore déterminée. Cette inscription, trouvée à 1 mètre sous terre, ne rappelle aucune de celles que le sol de l'Alsace nous a révélées jusqu'à ce jour.

M. Jules Quicherat lit la note suivante de M. Tholin,

archiviste du département de Lot-et-Garonne, sur des bombardes en plomb qui paraissent remonter à l'origine même
de l'artillerie :

« En démolissant les derniers restes du château fort de
Lusignan-le-Grand (Lot-et-Garonne), qui a joué un si grand
rôle dans les guerres féodales de l'Agenais, on vient de découvrir, réunies dans une cavité, cinq bombardes en plomb,
dont quatre sont du même calibre, et pèsent chacune de
22 à 25 livres. La cinquième, moins bien conservée, est un
peu plus volumineuse.

« Ces bombardes, qui affectent toutes la même forme,
ont un diamètre à peu près égal dans toute leur longueur.
Un anneau ou bourrelet entoure leur orifice, mais leur
culasse n'est pas renforcée. Une sorte d'anse, faisant corps
avec les parois, est placée au centre, dans le sens longitu-
dinal. Sur la même ligne est la *lumière*, qui consiste en un
petit tube foré ressortant de la pièce.

« J'ai remarqué sur l'un de ces engins primitifs une
écaille de fer oxydé, ayant environ 5 à 6 centimètres en
tous sens. Je ne suppose point pour cela que ces pièces
fussent entourées de cercles de fer, car une partie de ces
armatures subsisterait encore, ou du moins les bandes de
fer auraient laissé plus de traces. Mais, comme le plomb est
un des métaux les moins tenaces, et que la résistance des
parois isolées serait insuffisante, on doit supposer que ces
bombardes étaient renfermées dans un encaissement de
bois consistant en douves ou en madriers creux maintenus
par des rubans de fer. Dans cette hypothèse, on s'explique
le rôle de ce long tube de la *lumière* qui affleurait le pare-
ment, et de l'anse, qui servait à immobiliser l'armature. On
sait d'ailleurs que l'affût, dans sa forme primitive, formait
un solide encadrement qui avait pour but d'atténuer les
dangers, toujours et à si juste titre redoutés, d'une explosion
de la pièce.

« Il semble que la grande fusibilité du plomb devait
exclure ce métal de la fabrication des pièces d'artillerie. Le
plomb entre en fusion à 334 degrés, et la température que
produit la combustion de la poudre est trois fois plus élevée.

Il faut observer néanmoins que la poudre brûle trop rapidement pour attaquer le métal, et que le tir de l'ancienne artillerie était assez lent pour que les pièces ne fussent pas graduellement échauffées.

« On évalue à 1200 degrés la température que développe l'explosion de la poudre. C'est bien plus qu'il n'en faudrait pour mettre en fusion le bronze lui-même, si la chaleur était un peu continue. Ce n'est pourtant qu'après un grand nombre de coups que l'étain, fusible à 228 degrés, se détache des pièces de bronze, dans lesquelles l'alliage ne s'est pas fait d'une manière homogène. Il se produit alors dans l'*âme* des *logements* ou *sifflets*.

« Les engins grossiers de Lusignan-le-Grand doivent être contemporains des canons en fer forgé, et bien antérieurs aux pièces de bronze. Ils datent sans doute des premiers temps de l'artillerie, et devaient être destinés à lancer à toute volée des boulets de pierre ou de plomb.

« Une couche épaisse d'oxyde recouvre les cinq pièces. Les lumières sont en partie obturées. Ma surprise a été grande quand un léger grattage m'a fait reconnaître la nature du métal. »

Séance du 17 juillet.

Présidence de M. Léopold Delisle, vice-président.

Correspondance.

MM. les abbés Cérès et Grasilier, nommés associés-correspondants nationaux, le premier à Rodez (Aveyron), et le second à Saintes (Charente-Inférieure), remercient la Société au sujet de leur élection.

M. Lagrèze-Fossat, associé-correspondant national à Moissac, offre à la Société le second volume de ses *Etudes historiques sur la ville de Moissac;* M. Marion veut bien se charger du soin de présenter à la Société un rapport sur cet ouvrage.

Travaux.

M. de la Villegille a la parole pour la lecture du rapport de la Commission des fonds sur la gestion financière de la Société, du 1er janvier 1870 au 5 juin 1872. A la suite de cette lecture, la Société approuve les comptes de l'exercice 1870-1871, et vote des remercîments à M. le trésorier.

M. Albert Dumont, revenu de son voyage en Grèce et présent à la séance, place sous les yeux de la Société les dessins de cinq miroirs grecs étudiés par lui.

M. Egger signale, à cette occasion, la richesse et l'intérêt de la collection de dessins représentant des objets antiques tels que vases peints, terres cuites, figures de bronze, poids et mesures, exécutés par M. Chaplain en compagnie de M. Dumont.

M. Quicherat communique à la Société une notice intéressante de M. Raymond, associé correspondant national à Pau, concernant l'église de Boeil près Nay, dont le sanctuaire remonte au xiie siècle et renferme des ornements d'une époque plus ancienne.

Séance du 4 septembre.

Présidence de M. Léopold Delisle, vice-président.

Travaux.

M. Sansas, associé-correspondant national pour la Gironde, écrit à la Société pour attirer son attention sur un monument du musée de Bordeaux consistant en un cippe élevé à la mémoire de DOMITIA PEREGRINA par son fils DOMITIVS ABASCANTVS. M. Sansas pense que cet Abascantus pourrait être le même que celui dont le nom figure dans une estampille de potier empreinte sur une brique romaine découverte à Arles et datée d'un consulat correspondant à l'an de J.-C. 123 (Voir le Bulletin de la Société nationale des antiquaires de France, année 1872, p. 73).

M. Victor Guérin reprend la série de ses communications relatives à sa dernière exploration archéologique en Palestine. Il donne à la Société quelques détails sur les Samaritains de Naplouse et sur le mont Garizim. La montagne du Garizim, couverte au sommet de ruines dont l'origine paraît samaritaine, domine en effet Naplouse, l'antique *Neapolis*, qui a succédé elle-même à Sichem, ville principale des Samaritains. Le Garizim, haut de 380 mètres, forme un vaste plateau couronné par les débris d'un τέμενος antique, consistant en une enceinte de murailles épaisses de 35 centimètres, flanquées jadis par des tours formant saillie dont le soubassement existe encore. Les murs eux-mêmes sont formés de blocs taillés en bossage. M. Guérin y voit, avec M. de Saulcy, une construction bien antérieure à Justinien, qui se contenta sans doute de restaurer la vieille enceinte samaritaine, lorsque, selon le témoignage de Procope, il fortifia le sommet du Garizim pour défendre l'église Sainte-Marie contre les incursions barbares. Au centre de cette enceinte se trouve un monument que M. Guérin a pu examiner en détail lors de son dernier voyage en 1870, grâce à une fouille anglaise récemment exécutée. Ce monument consiste en un polygone à huit côtés, autour duquel rayonnaient des chapelles : l'abside principale est tournée vers l'Orient, aussi bien que les absides des chapelles latérales. Or, nous savons, par le témoignage de Josèphe, que le temple samaritain élevé sur le mont Garizim fut rasé par Jean Hircan en l'an 132 avant J.-C. Il fut remplacé par un sanctuaire consacré à Jupiter Hellénien, et plus tard, sous l'empereur Hadrien, par un temple dédié à Jupiter Très-bon. Ce temple fut renversé à son tour, et remplacé par l'église chrétienne de Sainte-Marie, construite sous l'empereur Zénon. M. Guérin n'hésite pas à reconnaître cette église dans le monument octogone récemment déblayé. Il pense que l'enceinte extérieure est bien celle du τέμενος samaritain tel qu'il est représenté sur des médailles de Naplouse encore existantes, tandis que les ruines du monument central sont celles, non pas du temple samaritain entièrement détruit, mais de l'église chrétienne élevée sur l'emplacement de ce temple. Ces ruines, en effet, sont orientées suivant l'usage chrétien, tandis que les Samaritains dans la prière se tournent vers le midi. La hauteur du Garizim, montagne sainte des Samaritains, rivale du mont Moriah et du temple de Jérusalem, reçoit encore aujourd'hui des Samaritains le nom de Djebel-Moriah, par une erreur peut-être volontaire. Les Samaritains de Naplouse avaient, il y a vingt ans, un grand-prêtre que M. Guérin a vu lors de son premier voyage en 1852, et qui, mort depuis, a eu pour successeur son petit-fils, lequel, au titre de lévite, ajoute aujourd'hui celui de grand-prêtre. La population samaritaine de Naplouse se compose d'un petit nombre de familles qui forment une communauté distincte, vivant à l'écart des juifs, des musulmans et des chrétiens.

EXTRAIT DES PROCÈS-VERBAUX

DU 4ᵉ TRIMESTRE DE 1872.

Séance du 9 octobre.

Présidence de M. Boutaric, président.

Correspondance.

Le Président de la Société d'archéologie de Valence (Espagne) demande que la Société des Antiquaires de France veuille bien entrer en relations avec la compagnie qu'il préside.

M. l'abbé Sauvage, aumônier du Collége de Dieppe, pose sa candidature au titre d'associé-correspondant national; il est présenté par MM. Delisle et Brunet de Presle. Le Président désigne MM. Creuly, de Barthélemy et Guérin pour composer la Commission chargée d'examiner les titres du candidat.

Travaux.

M. Chabouillet lit une dissertation sur un ducat d'or trouvé dans la Lozère, frappé au nom de Borso, duc de Modène, de Reggio et de Ferrare au milieu du xve siècle. La Société décide qu'elle entendra une seconde lecture de ce travail.

M. de Barthélemy rappelle que, dans les collections, on conserve plusieurs fibules portant des inscriptions analogues à celle dont M. Rigaux a entretenu la Compagnie dans la séance du 3 avril dernier (*Bull.* 1872, p. 95). Il cite celle qui est ainsi décrite dans le *Catalogue de l'Exposition* de Nantes, nº 73 : « Petite fibule en bronze étamé, monogramme du « Christ formé d'un C carré et d'un P, sur lequel est gravée « en creux la légende suivante, empruntée au Cantique des « cantiques : SI. ME. AMAS. VENI. (vie siècle. Provenance, « Niort). » Il cite encore une fibule, dont la représentation est ci dessous, appartenant à M. de Widranges, trouvée dans le département de la Meuse, et qui porte ces mots : VROR AMORE TUO.

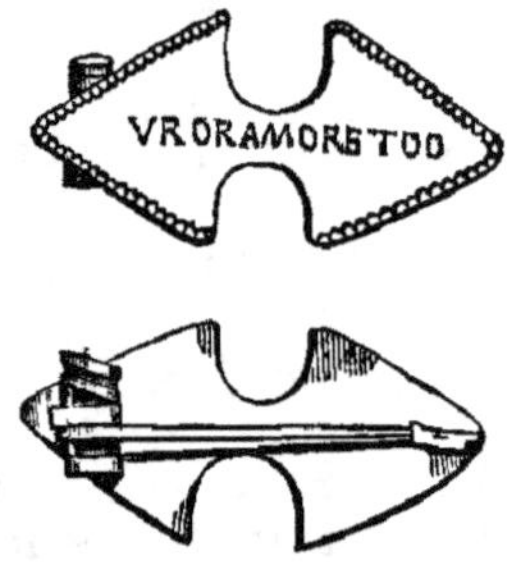

M. d'Arbois de Jubainville, associé-correspondant, donne lecture de la note suivante :

« M. le général Creuly a communiqué à la Société des Antiquaires une note sur une inscription de Bordeaux, dont la première ligne contient au datif le nom de la déesse *Sirona*.

Sans contester le mérite du commentaire que nous devons au
savant archéologue, je vais proposer une interprétation dif-
férente, ne la présentant toutefois que comme hypothé-
tique.

« Je ferai d'abord observer que la voyelle *u* de *Tuto* tenant
lieu d'*ou*, et même en caractères grecs d'ωου, dans les plus
anciens monuments de la langue gauloise, est de date relativement récente, et semble indiquer un âge sensiblement
postérieur à la conquête de la Gaule par les Romains, le
troisième ou le quatrième siècle par exemple.

« M. Corssen, *Aussprache*, 2ᵉ édit., t. I, p. 693-694, a réuni
vingt-quatre exemples d'inscriptions latines du troisième
siècle dans lesquels deux datifs singuliers de la première
déclinaison se suivent immédiatement. Ce sont deux noms
de la même personne ou un nom et l'adjectif qui se rapporte
à ce nom. Le premier mot se termine par *ae* le second par *e*.
Il n'y a donc pas, ce me semble, de difficulté à admettre
que *Adbucie* puisse être un adjectif se rapportant à *Sironae*.

« *Adbucie* serait le datif d'*Adbucia*. *Adbucia* serait un mot
gaulois. En effet, *ad* est un préfixe gaulois (Zeuss, *Gr. C.*,
2ᵉ éd., p. 865) et on trouve dans les inscriptions d'Espagne
les noms propres *Boutius*, *Boutia* (*Corpus inscriptionum
latinarum*, II, 735, qui semblent dériver de la racine indo-
européenne *Bhu* et que M. Becker paraît avoir, avec raison,
placée parmi les débris de la langue gauloise, à côté de
Boudius (*Beitræge* de Kuhn, III, 190). Dans *Bucia* = *Boutia*,
u = *ou* comme dans *tuto* = *touto*; et *c* = *t*. L'emploi du *c*
au lieu du *t*, avant un *i* suivi d'une autre voyelle, a été
constaté dans des monuments épigraphiques du iiiᵉ siècle
(Corssen, *Aussprache*, I, 54).

« Je lirais donc l'inscription ainsi : *Sironae Adbuci[a]e
Tuto Geti filius.* « *A Sirona Adbucia Tuton fils de Getus.* »

« Mais c'est, je le répète, une simple hypothèse que je
soumets à M. Creuly. »

M. Creuly fait observer que les remarques de M. d'Arbois
de Jubainville, bien que logiques, ne lui paraissent pas
cependant absolument démonstratives.

Séance du 16 octobre.

Présidence de M. Léopold DELISLE, vice-président.

Travaux.

M. Anatole de Barthélemy communique la lettre suivante qui lui a été adressée par M. de Villefosse, attaché au Musée des Antiques du Louvre, pour être soumise à la Société :

« J'ai gardé bien longtemps le petit vase de la trouvaille de Banassac (Lozère), que vous m'aviez confié. C'est que je cherchais à en déchiffrer l'inscription et surtout à lui trouver un sens. Je vous envoie mon essai, sous toutes réserves bien entendu, m'estimant trop heureux si, en le faisant connaître à de plus habiles que moi, je puis espérer que quelqu'un en donnera un jour une lecture encore plus certaine.

« Ses dimensions sont : en hauteur de 0.03; le diamètre est de 0.10. Voici ce que je crois y lire :

NUDDAMEN

DULCE LINAT.

« Ces mots ont été écrits dans la terre molle avant la cuisson à l'aide d'une pointe sèche contrairement à ce qui s'est passé d'ordinaire pour la plupart des graffitti trouvés en Gaule. Le vase de Meaux, celui du Louvre[1] dédié *Genio Turnacesiu,* celui de Bourges[2] et un grand nombre d'autres vases gaulois portent des inscriptions en caractères cursifs, qui se rencontrent également sur des tuiles, mais presque toujours elles ont été tracées après la cuisson. En 1858,

1. A. de Longpérier. *Bulletin de l'Acad roy. de Belgique,* t. XIX, 2, 401.
2. W. Frœhner. *Les trois bouchees de pain.* Rev. archéol., nouvelle série, XIV, 316.

M. François Lenormant[1] a donné une liste des *graffitti* de la Gaule, mais cette liste s'est accrue depuis d'un certain nombre de monuments et il serait utile d'en faire une nouvelle édition.

« Dans mon hypothèse, les quatre premières lettres du premier mot se lisent sans difficulté, mais j'avoue que la cinquième et la sixième ..AM.. ne me paraissaient pas très-claires. C'est après avoir attentivement étudié les alphabets d'écriture cursive donnés par M. Zangemeister dans les *Inscriptiones parietariæ Pompeianæ*[2] que la lumière a commencé à pénétrer dans mon esprit, et je puis dire que mes doutes ont été levés en examinant les fac simile d'inscriptions du même genre trouvées à Pompei et tracées sur des amphores à l'aide d'une plume de roseau[3]. Une série de ces amphores porte l'inscription :

LIQVAMEN
OPTIMVM

où les lettres ..AM.. sont tracées exactement de la même façon que sur votre petit vase : on dirait la même main.

« Mais ce mot *nudamen*, sans tenir compte du *d* redoublé[4], ne se trouve dans aucun auteur latin. N'est-il pas permis de l'admettre cependant pour la raison suivante : Etant donnés les deux mots *liquatio* et *nudatio*, nous avons une forme *liquamen* qui correspond au premier ; il n'est donc pas déraisonnable d'admettre une forme *nudamen* qui correspondrait au second. Si vous acceptez mon hypothèse, je propose de traduire ainsi :

Qu'il (l'onguent contenu dans le vase)
Enduise agréablement le corps nu.

« Les inscriptions extérieures de ce genre font souvent allu-

---

1. F. Lenormant. *Lettre à M. Alfred Darcel sur les inscriptions de la chapelle Saint-Eloi et sur les graffitti de la Gaule* (1858).

2. C. I. L., t. IV, pl. 1.

3. Richardus Schœne. *Tituli vasis fictilibus inscripti* (C. I. L., t. IV, nº 2592 et suiv. tab. XLIII, 8 , et XLIV, 10

4. La forme *nuddamen* est tout aussi admissible que *relligio* pour religio. — Voyez Thomæ Rudimanni, *Institutiones grammaticæ latinæ*, I, 324

sion au possesseur du vase, ou bien au fabricant, mais dans ce cas elles se rencontrent sur des pièces d'un travail plus soigné. D'autres fois elles ont rapport à la divinité à qui l'objet a été consacré, ou bien, comme dans le cas actuel, elles ont trait au contenu du vase. La quantité assez considérable de petits vases de la même forme et de la même dimension, trouvés avec celui ci, ferait croire qu'il était fabriqué pour un usage bien déterminé et un usage commun, car il est entièrement dépourvu d'ornements. Peut être était il destiné à contenir l'huile ou le parfum dont on se servait journellement pour la toilette ; sa forme évasée le ferait croire. Pline le Jeune[1] écrivant à Gallus, et faisant la description de sa villa, lui dit qu'il possède une salle de bains avec un *unctorium*, c'est-à-dire un endroit où l'on pouvait se faire frotter le corps avec des parfums. Pourquoi cette petite coupe n'aurait-elle pas fait partie de l'attirail de l'esclave nommé *aliptes*, dont la fonction consistait à sécher le corps du baigneur et à l'enduire de parfums. Sénèque en parle dans ses lettres à Lucilius. Lorsqu'il veut prouver que le silence n'est pas aussi nécessaire à l'étude qu'on se l'imagine, il lui raconte qu'il demeure au-dessus d'un établissement de bains et qu'il entend du bruit tout le jour. « ... Quum in alipten inertem » et hac *plebeia unctione* contentum incidi, audio crepitum » illisæ manus humeris; quæ proüt plana pervenit aut con-» cava, ità sonum mutat. »

M. Buhot de Kersers, associé-correspondant à Bourges, signale deux bas-reliefs encastrés dans la façade de l'église de la Celle-Bruère, canton de Saint-Amand (Cher).

L'église date du xɪᵉ siècle, mais ces deux bas-reliefs, incrustés dans le mur à quatre mètres de hauteur, paraissent à M. Buhot de Kersers beaucoup plus anciens. Ils représentent, l'un et l'autre, deux personnages d'un travail grossier et de proportions grotesques, qui paraissent lutter ensemble. Sur chacun de ces deux bas-reliefs, on lit les lignes suivantes, en majuscules romaines fort peu altérées :

FROTO
ARDVS

1. II, 17. 11.

que M. Buhot de Kersers propose d'interpréter *fecit Rotoardus*. Si cette lecture est admise, ajoute le correspondant, on aurait là une signature d'artiste ou plutôt d'ouvrier, datant d'une époque où elles sont singulièrement rares.

M. Delayant, associé-correspondant national à La Rochelle, adresse la description d'une pierre creusée, quasi cylindrique, un peu plus étroite d'en bas que d'en haut, mesurant à l'intérieur $0^m,25$ de hauteur avec un diamètre supérieur de $0^m,37$, et portant sur la moitié de son contour, en lettres creusées dans la pierre, cette inscription :

> *Boisseau du comté de Taillebourg*
> *ajusté par M. Rabulard, baillif*
> *ce requérant M. Chuvet*
> *procureur fiscal le 2*
> *avril 1767.*

M. Delayant cite ce fait pour prouver que l'usage des étalons en pierre des diverses mesures a duré jusqu'à des temps très-rapprochés de nous.

M. Léopold Delisle communique un passage d'une lettre adressée par M. Desclozeaux, préfet de Constantine, à M. Paul Meyer, secrétaire de l'Ecole des Chartes, en date du 8 octobre 1872, et mentionnant la découverte faite aux environs de Constantine d'une « très-belle mosaïque » représentant un esclave de grandeur naturelle faisant » danser un ours avec un arbre-échelle entre eux deux et » l'inscription ci-jointe, dit la lettre, que nous ne savons » pas lire :

$$M^I L^F L\overline{V}$$

M. Charles Robert annonce à la Société qu'il a visité récemment les musées de l'ouest et du midi de la France, notamment ceux de Vannes, de Lectoure, de Bagnères-de-Bigorre, de Tarbes, et qu'il a constaté la tendance de ces établissements à se développer. Ainsi des fouilles récentes ont enrichi le musée de Lectoure de trois inscriptions latines nouvelles; le musée de Bagnères-de-Bigorre s'est augmenté d'une inscription dédiée aux dieux pyrénéens; le musée de Tarbes s'est également accru d'une façon notable. M.Charles Robert a constaté avec satisfaction ce progrès de nos collections départementales.

M. Pol Nicard fait passer sous les yeux de ses confrères des fragments d'un vase en bronze, et une lampe en terre cuite, portant l'inscription FORTIS. Ces objets ont été trouvés dans le parc du château d'Arc en Barrois apparte- nant à M. le prince de Joinville et situé dans le département de la Haute Marne. Il rappelle en même temps que M. Dep- ping a communiqué en 1846 à la Société des Antiquaires quelques observations sur des antiquités romaines décou- vertes dans la même localité, et notamment sur une statue trouvée dans les fondations du château. Cette statue, qu'on voit encore aujourd'hui dans le parc, ne saurait être, au jugement de M. Nicard, une œuvre antique.

M. Nicard communique également à la Société un fait assez curieux dont il a été témoin dans le département de la Nièvre. Dans un prône du curé de Sully-la-Tour (arron- dissement de Cosne) auquel M. Nicard assistait au mois d'octobre dernier, cet ecclésiastique reprochait aux habi- tants du village non-seulement d'enterrer les morts avec leurs vêtements et en leur plaçant un oreiller sous la tête, mais encore de déposer entre les mains des défunts de menues pièces de monnaie, comme pourraient le faire les païens, s'il en existait encore.

A l'appui de l'observation faite par M. Nicard, M. Robert dit qu'il a vu en Crimée, dans le charnier d'une église byzan- tine, des lampes en terre, des grelots de bronze et des sque- lettes de cormoran, mêlés aux ossements. Cette église, sans transept, située sur la baie de la Quarantaine, avait disparu dans un des bouleversements qui amenèrent successive- ment la ruine de la seconde Cherson. L'état des ossements annonçait une profanation déjà ancienne.

Séance du 6 novembre.

Correspondance.

M. Beaudoin, membre de la Société géologique de France et juge de paix suppléant à Châtillon-sur-Seine (Côte-d'Or), écrit à la date du 27 octobre pour offrir à la Société une publication intitulée : *Notice géologique sur une caverne à ossements des environs de Châtillon (Côte-d'Or)*. L'auteur sollicite les suffrages de la Société pour le titre d'associé-correspondant national. Il est présenté par MM. Ch. Robert et Egger. MM. Le Blant, Chabouillet et Perrot sont désignés pour former la Commission chargée d'examiner les titres du candidat.

Travaux.

M. le général Creuly communique une inscription romaine trouvée à Briançon et conservée actuellement à l'évêché de Gap. C'est une inscription tumulaire avec bas-reliefs, mentionnant les habitants de l'antique *Brigantium* sous la forme insolite de l'ethnique *Brigantiensium*. La Société décide qu'elle entendra une seconde lecture de cette notice.

M. Nicard communique à la Société le texte d'une inscription latine trouvée à Kœnigsfelden, canton d'Argovie, en 1872. Une discussion s'étant engagée sur l'authenticité de ce fragment, M. Nicard est prié de compléter sa communication par une note écrite.

M. Bulliot, associé-correspondant national à Autun, lit la note suivante sur les ruines d'un temple étudiées par lui sur le Mont-Beuvray :

« Une exploration partielle pratiquée cette année sur le plateau supérieur du Mont Beuvray dans le but d'y rechercher les traces de la chapelle de St-Martin dont on connaissait l'emplacement, a amené la découverte d'un temple antique. Les traditions locales rapportaient que le grand apôtre avait détruit sur la montagne un sanctuaire d'idoles. Sulpice Sévère n'ayant malheureusement donné aucune désignation de lieux aux différents épisodes de la mission du saint dans le pays éduen, il était impossible de contrôler ces récits. Il reste au Beuvray plusieurs légendes sur saint Martin. Le temple en question date de l'époque romaine. Il entretint les pèlerinages gaulois aux sources du Beuvray, qui continuèrent au moyen-âge où ils sont mentionnés dans un terrier du xve siècle, et ils subsistent encore aujourd'hui.

« La maçonnerie en chaux, sable et ciment de brique tranche avec toutes les constructions gauloises de l'oppidum, bâties avec un mortier de terre. Les murs ont 0,80 d'épaisseur. Leur antiquité ne saurait être mise en doute, car on recueillit tout autour des fondations tant à l'intérieur qu'à l'extérieur plusieurs médailles gauloises, contemporaines de César, quelques pièces gallo-romaines dont la dernière, trouvée à l'intérieur, était de Valentinien[1], mort en novembre 375, quelques mois avant l'arrivée de saint Martin dans l'Autunois. Cette circonstance, fortuite peut-être, offre néanmoins un intérêt. La dernière pièce du trésor découvert à Autun, avec les ex-voto de la DEA BIBRACTE dans un puits scellé, était aussi de Valentinien ; et comme on n'a rencontré au temple du Beuvray aucun de ces débris d'ex-voto abondants dans la plupart des autres temples, et notamment à celui de Santenay que l'on fouillait au même moment, il serait permis de supposer que les ex-voto du Beuvray furent transportés et cachés à Augustodunum au moment où la ruine du sanctuaire rural paraissait imminente.

« Sans insister sur ce rapprochement, il est évident que le temple fut renversé au ive siècle. Outre les médailles, des placages grossiers, composés de tablettes de porphyre d'Egypte, vert et brun, d'incrustations de schiste bitumineux, indiquent un travail de décadence, et très-probable-

---

1. La dernière des 104 monnaies trouvées dans les ruines du temple du Mont Martre près Avallon, était aussi de cet empereur.

ment les restes d'un édicule votif, trop grand pour être
transporté, analogue à un monument de même genre, trouvé
à Autun. Les porphyres avaient été brisés au marteau et
plusieurs étaient altérés par le feu, ainsi que de gros fragments massifs de marbre blanc. C'était la première fois
qu'on rencontrait le marbre au Beuvray. Le temple se divise
en deux salles entourées d'un promenoir extérieur. Le *pro-
nuos*, plus large que long, avait 8ᵐ,55 de largeur sur 7ᵐ 10
de long, en œuvre. Un mur de refend marque la séparation
de la cella qui paraît avoir eu 5,30 de long, sans qu'on
puisse rigoureusement affirmer, le mur du fond ayant été
détruit pour faire place postérieurement à une abside. En
effet, le temple fut converti en église. En rasant au niveau
du carrelage le mur qui les séparait, le *pronaos* et la *cella*
formèrent une nef unique à laquelle on ajouta une abside
semi-circulaire, sans se donner la peine de les lier avec les
anciennes maçonneries contre lesquelles elle est simplement
appliquée, et dont la construction, beaucoup plus soignée,
diffère entièrement. L'édifice traversa ainsi le moyen-âge
qui y a laissé des monnaies des différents siècles. Une fosse
en maçonnerie conservant les formes du corps est placée
à droite, dans l'ancienne galerie du temple, avec d'autres
sépultures plus modestes. C'est l'emplacement sans doute
du lieu désigné dans les titres sous le nom de *cimetière*. Ce
deuxième édifice ayant été ruiné à son tour, dans des circonstances inconnues, une troisième construction inscrite
dans les précédentes y perpétua le souvenir de saint Martin.
Cette dernière chapelle, de forme rectangulaire, a 8,20 de
longueur sur 4ᵐ de large. Les bases de l'autel sont encore
en place. Brûlée, paraît-il, par les calvinistes, elle tombait
en ruine en 1604 quand le procureur du roi de St-Pierre-
le-Moûtier intenta au prieuré de St-Symphorien, qui en
était propriétaire, une action qui paraît être restée sans
résultat. On a recueilli dans le déblai une quantité de liards
de François Iᵉʳ à Louis XIV. Les galeries antiques étaient
pavées en scaiole faite avec des graviers. Divers tronçons
de colonnes en grès, des tuileaux de colonnes en brique, et
un grand fragment d'une autre en calcaire oolithique ayant

des canelures de 0,10 de large, sont les seuls éléments connus de la décoration. La grande voie qui traverse l'oppidum passait devant le temple. On voit encore sur ses bords des seuils pour accéder aux galeries couvertes qui la bordaient et sous lesquelles ouvraient des constructions qui paraissent avoir été des boutiques, plutôt que les dessertes du temple. Les fouilles sur ce point n'étant pas encore complètes, il serait prématuré de rien hasarder. On peut toutefois affirmer que le Champ de foire qui entoure le temple a été fréquenté depuis l'époque gauloise jusqu'à nos jours d'après les débris de poteries qui se rapportent à toutes les époques. Ce n'est pas une des moindres particularités de l'histoire du Beuvray, que la persistance de cet emporium immémorial et du premier mercredi de mai, même après l'abandon de la forteresse éduenne, et qui a bravé toutes les révolutions. »

M Bulliot soumet ensuite à la Société : 1° le plan d'un temple de Mercure, situé sur le mont Senne, à l'endroit même où a été trouvé un *ex-voto* consacré à ce dieu, et au centre d'une région où plusieurs statuettes de Mercure ont été découvertes ; — 2° le plan d'un quartier antique situé en dehors de l'enceinte romaine d'Autun. Deux constructions rondes placées des deux côtés de la ville, l'une vers l'ouest appelée *la Gironette*, l'autre, vers l'est, désignée sous le nom de *temple de Pluton*, paraissent marquer à M. Bulliot l'emplacement de deux édifices antiques dont la destination lui est inconnue, mais dont l'existence ne lui semble pas douteuse.

La Société invite M. Bulliot à rédiger, sur ces communications, des notes détaillées qui seront insérées dans le Bulletin.

Séance du 13 novembre.

Présidence de M. Boutaric, président.

Travaux.

M. le général Creuly, au nom de la Commission chargée

d'examiner la candidature de M. l'abbé Sauvage, aumônier du collége de Dieppe, au titre d'associé - correspondant national, donne lecture d'un rapport concluant à l'admission du candidat. — On procède au vote. — M. l'abbé Sauvage ayant obtenu la majorité des suffrages, est proclamé associé-correspondant national de la Société des Antiquaires de France pour le département de la Seine-Inférieure.

M. Anatole de Barthélemy donne lecture de la lettre suivante qui lui a été adressée par M. Albert Dumont, pour être communiquée à la Compagnie :

« Mon cher confrère, vous établissez, dans un récent mémoire, qu'il ne faut chercher l'origine des armoiries ni dans les tournois, ni dans des usages rapportés d'Orient à l'époque des Croisades, et vous montrez qu'elles sont nées de la nécessité de distinguer les sceaux apposés par différents personnages sur les actes publiés. De tous temps, les chevaliers portèrent des figures sur leur écu ; à la fin du xiie siècle, ces figures commencèrent à être représentées sur les sceaux et, dès lors, devinrent le signe distinctif de chaque fief. Il y a ici, avec l'antiquité grecque, un rapprochement curieux à faire. Les Grecs avaient aussi des symboles qu'ils ajoutaient sur les actes publiés, pour que l'identité des parties contractantes fût plus facile à reconnaître. L'exemple le plus complet nous est fourni par les tables d'Héraclée que Mazochius a publiées autrefois et que Peyron rééditait l'année de sa mort. Ces tables de bronze sont des contrats de louage ; un certain nombre de citoyens prennent à location des propriétés religieuses ; les témoins, les locataires, et les prêtres ajoutent chacun à leur nom un *symbole.*

« Par exemple : locataire, Bormion, fils de Philotas, qui a pour *épisème* un *petit coffre.*

« Damarchos, fils de Philonumos, qui a pour *épisème* un *éperon de vaisseau.*

« La liste des symboles d'Héraclée est très-longue. Il me semble que ces épisèmes s'expliquent tout à fait par les raisons que vous donnez pour les symboles adoptés au moyen âge par les clercs, les bourgeois, les marchands et tous les non-nobles; par celles même qui engagèrent les nobles à faire représenter leur écu *de face* sur les sceaux, pour que les signes distinctifs de chaque fief fussent visibles.

« Les épisèmes anciens se rencontrent partout; ils ont été souvent étudiés, surtout par M. le duc de Luynes. Vous rappelez très-justement ceux qui portent les boucliers des combattants sur les vases peints. Toutefois il a été impossible jusqu'ici de montrer que certains symboles, chez les Grecs, se transmettaient de père en fils. Il semble que les épisèmes sur les vases soient attribués à chaque personnage selon le caprice du peintre. Il n'y a ni classe à établir, ni rapport possible entre ces images et des familles spéciales ou même des pays particuliers. Veltir de Vogelweid disait de Frédéric Barbe-Rousse qu'il portait sur son écu le *courage de l'aigle* et la *force du lion;* c'est tout à fait de la manière qu'Eschyle parle des *symboles* peints sur les boucliers des Sept-Chefs contre Thèbes. Il les regarde comme des images de leur force, comme des attributs destinés à frapper l'ennemi de terreur et à rehausser la gloire du héros qui les a choisis. Nous avons, dans Plutarque, dans Xénophon, nombre de passages où ils considèrent l'épisème comme personnel[1]. Il serait intéressant de savoir si, au moyen âge, avant le XIIe siècle, époque où les armoiries devinrent l'attribut du fief, il y eut un temps assez long où les symboles eurent le sens que nous leur voyons chez les Grecs. Si cela était, aux origines, les armoiries dans les deux civilisations auraient eu la même valeur; il faudrait expliquer l'importance tout exceptionnelle qu'elles ont prise en Occident au XIIe siècle, entr'autres raisons, par l'usage des *pièces écrites* qui fut très-répandu chez nous et que les Grecs au contraire ne connurent jamais que par exception, comme cela a été bien prouvé et comme M. Curtius, en dernier lieu, vient de le faire voir à nouveau. »

MM. Chabouillet, Boutaric, Léopold Delisle, à propos de

---

1. Plutarque, *Alcib.* 16, semble dire que la famille d'Alcibiade avait un épisème particulier τὶντὸ ἐπίσημον τῶν πατρίων. Toutefois ce texte peut donner lieu à différentes interprétations.

cette communication, présentent quelques réserves en ce qui touche au fait avancé dans le travail de M. de Barthélemy auquel il est fait allusion. Ils pensent que les armoiries, dès le principe, appartenaient aux personnes et aux familles, et n'étaient pas attachées au fief.—M. de Barthélemy annonce qu'il a le projet de faire un nouveau mémoire, dans lequel il répondra aux objections qui lui sont faites par ses confrères, ainsi qu'à celles que M. Paulin Paris a fait connaître récemment dans un article spécial publié dans le *Bibliophile François.*

La Société entend la lecture d'un mémoire de M. Sansas, associé-correspondant, sur des « *marques de fabrique de potiers gallo-romains.* »

Dans ce travail, M. Sansas donne la liste des noms suivants qu'il a pu déchiffrer sur des vases trouvés à Bordeaux et conservés dans le musée de cette ville :

˙ ACVTI	*LEPPI—	MIC-RE
AIASA	*FELICIOF	SITOPEN
L˙ALBI	FLAVINI	*NEPOTIS
L˙APNI	T.MANLI	OCOR
OFIC˙AM	FORT	OVO
˙ATTILI	INIATIO	OF PAIRI
AVVINI	IVC	QVI
FL˙AVR˙	*I˙VC˙V	*QVINT
BELLINICI	IVLII	Q˙V˙C˙
CATONIS	IVISV	AOR˙ (ROA)
C˙CEAC	IV	ROM
˙C˙CO	IAIVL	SAMIA
CEEFICIO	IVL˙NICRE˙	SCF
˙CRESIM	OFFICI	L˙SIFI
CRICIRO	LEPTA	SIVSE
CRIMI	LIF	TS˙MR
DIOCE	LVCI	TERTII
DOVIICCVS	OF LVC	VRV.
EPPIV	LVPV	
EPPIAE	MIE	

Sur des briques :

C·OCT CA — MERVLA TOVTISSAE F·

Les noms marqués d'un astérisque ont été retrouvés à Bordeaux ainsi qu'à Montans, village situé sur la rive gauche du Tarn, à quatre kilomètres de Gaillac où l'on a constaté les ruines de grands établissements servant à la fabrication de la poterie. M. Sansas est porté à penser qu'à l'époque gallo-romaine, Bordeaux s'approvisionnait de vases dans cette localité.

Il est donné lecture d'un mémoire de M. Hucher, associé-correspondant national au Mans, sur l'emploi des légendes *pseudo-arabes* dans l'ornementation aux époques anciennes et au moyen âge. Cinq dessins inédits, envoyés par l'auteur à l'appui de ses conclusions, sont placés sous les yeux de la Société. A la suite d'une discussion à laquelle prennent part MM. Victor Guérin, Chabouillet, Léopold Delisle, Brunet de Presle, il est décidé que la Société entendra une seconde lecture de ce travail, mais qu'au préalable l'auteur aura communication des observations qui ont été faites.

Séance du 20 novembre.

Présidence de M. Boutaric, président.

Travaux.

M. P. Nicard dépose sur le bureau le fac-simile d'une inscription antique trouvée à Kœnigsfelden (canton d'Argovie) cette année et complète d'après une nouvelle lettre de M. le Dr Keller, les renseignements donnés sur ce monument dans la séance du 6 novembre.

Cette inscription paraît devoir être lue ainsi, d'après cet archéologue :

In honorem domus divinae, Jovis templum incendio consumptum Asclepiades J... vernae dispensatores vicanis Vindonissensibus de suo restauraverunt.

M. A. Bertrand expose les résultats des fouilles exécutées
par la Commission de la Topographie des Gaules dans la
commune de Magny-Lambert (Côte-d'Or), et présente plusieurs objets d'un haut intérêt, provenant de ces fouilles, et
déposés au musée national de Saint-Germain.— M. Bertrand
est invité à donner à cette intéressante communication la
forme d'un mémoire destiné à être inséré dans les publications de la Société.

M. Prost donne lecture d'une note dans laquelle il présente quelques observations sur le mémoire de M. Hucher,
associé-correspondant, lu à la séance précédente, et relatif
à des légendes pseudo-arabes employées comme ornements
sur d'anciennes agraffes. — La Société décide que la note
de M. Prost sera communiquée à M. Hucher.

M. Quicherat propose à la Compagnie de donner au Musée
de Cluny le moulage d'un bas-relief, déposé dans la salle
des séances, et qui est l'une des plus anciennes représentations d'une effigie en relief sur une pierre tombale. — Il est
décidé qu'il sera donné suite à cette proposition.

M. P. Nicard donne les détails suivants sur ce moulage
qui est celui du tombeau de l'abbé Isarn, reproduit dans
l'atlas qui accompagne l'ouvrage de Millin (*Voyage dans les
départements du midi de la France, planche XXXVI, 2º 4*) :
« Ce tombeau, après avoir été longtemps placé dans la
crypte de l'église de l'abbaye de Saint-Victor, est aujour-
d'hui conservé au musée de Marseille. L'abbé est vêtu d'une
tunique et tient à la main un bâton en forme de béquille
sur la traverse de laquelle on lit le mot *virga :* autour de la
tombe et sur la pierre carrée qui couvrait le corps, on lit
l'inscription suivante :

> *Sacra viri clari sunt hic sita patris Isarni*
> *Membra, suis studiis glorificata piis,*
> *Quæ felix vegetans anima provexit ad alta*
> *Moribus egregiis pacificis que animis :*
> *Nam, redimitus erat hic virtutis speciebus*
> *Vix domini cunctis, pro quibus est hilaris.*

Quae fecit docuit abbas pius atque beatus,
Discipulosque suos compulit esse pios.
Sic vivens tenuit regimen, sed claudere limen
Compulsus vile est acriter et misere.
Venit bis denis septemque fideliter annis,
Commissumque sibi dulce gregem domini
Respuit octobris transacto octavo calendas,
Et cepit rutili regna subire poli.

« La première ligne de l'inscription est séparée : on y lit :

Obiit anno MXLVIII, INDICT. I, ÆPACTA III.

« L'inscription qui entoure la tête et les pieds est ainsi conçue :

Cerne, mors quæ lex homini noxa protoplasti in me defuncto inest misero; sicque gemens corde, dic, dic : Deus, huic miserere. Amen. »

M. Cocheris lit un rapport sur le mémoire transmis par M. Beauchet-Filleau, et relatif aux *Localités des départements de la Vienne et des Deux-Sèvres portant le nom d'Asnières.* Sur les conclusions du rapporteur, la Société vote des remerciements à l'auteur et le dépôt du manuscrit dans ses archives.

M. Creuly communique une inscription antique de Canosa, en Italie, envoyée à M. Egger par M. le commandant Hennebert, associé-correspondant. Sur la proposition de M. Creuly, il est décidé que de nouveaux renseignements seront demandés à l'auteur de l'envoi.

Séance du 4 décembre.

Présidence de M. Boutaric, président.

Correspondances.

M. Jules Lemire, à Pont-de-Poitte, près de Clairvaux (Jura), demande à être admis au nombre des associés-cor-

respondants nationaux. Il est présenté par MM. J. Quicherat et J. Marion. Le Président désigne MM. de Barthélemy, de la Villegille et de Guilhermy pour former la commission chargée de faire un rapport sur les titres du candidat.

M. Hucher, associé-correspondant au Mans, adresse à la Société sa réponse à la note présentée par M. A. Prost, ainsi qu'un mémoire complémentaire sur l'emploi des légendes pseudo-arabes dans l'ornementation.

Élections.

La Société procède au renouvellement de son bureau et de ses commissions pour l'année 1873. Ont été élus :
Président : M. Léopold Delisle.
1er Vice-Président : M. Charles Robert.
2e Vice-Président : M. Jules Quicherat.
Secrétaire : M. Perrot,
Secrétaire-adjoint . M. Auguste Prost.
Trésorier : M. Edouard Aubert.
Archiviste-Bibliothécaire : M. Pol Nicard.

M. A. de Barthélemy a été élu membre de la Commission des impressions, et M. Edg. Boutaric, membre de la Commission des fonds.

Il est donné lecture du rapport de M. Jules Beaudouin, juge de paix suppléant à Châtillon-sur-Seine : il est procédé au scrutin, et le candidat ayant réuni la majorité de suffrages fixée par le règlement, il est, conformément aux conclusions du rapport, admis et proclamé associé-correspondant national dans le département de la Côte-d'Or.

Travaux.

M. Nicard fait connaître qu'il a eu une entrevue avec M. du Sommerard, conservateur du Musée de l'Hôtel de Cluny. M. du Sommerard accepte avec reconnaissance le moulage de la pierre tombale d'Isarn, abbé de Saint-Victor de Marseille, et lui réserve une place honorable dans le musée qu'il dirige.

Séance du 11 décembre.

Présidence de M. Boutaric, président.

Correspondances.

M. l'abbé Martigny, associé-correspondant, offre, par l'intermédiaire de M. Le Blant, un mémoire sur une lampe chrétienne, trouvée à Semur ; M. Le Blant fait ressortir l'importance de cette‘ découverte dans une région de la Bourgogne où, jusqu'à ce jour, on n'avait encore signalé aucune trace d'antiquités chrétiennes.

M. Sansas, associé correspondant, adresse au Président une lettre ainsi conçue :

« Monsieur le Président, il m'est impossible de laisser passer sans protestation la note de M. le général Creuly, insérée page 102 dans le bulletin du deuxième trimestre, qui m'est parvenu il y a quelques jours. La lecture que je propose, dit l'honorable général, lui paraît devoir *être rejetée.*

« Précisons. Je n'ai pas proposé à la Société *une lecture* de l'inscription dont il s'agit. Seulement, en réponse à une question qui m'était adressée sur l'orthographe du mot SIRONA, j'ai signalé, de mémoire, l'existence d'un monument du musée de Bordeaux, qui me paraissait la résoudre péremptoirement.

« Me suis-je trompé sur le point en discussion ? — certainement non, — car M. Creuly dit lui-même : « la première ligne SIRONAE ne présente aucun doute. » — Mais il ajoute que j'ai eu tort de nommer ADBVCIETVS fils de TOCETVS comme auteur du monument : j'aurais dû dire, selon M. Creuly, ADBVCIE, fille de TVTOGETVS.

« C'est là une question nouvelle qui mérite un examen auquel je ne me refuse pas. Mais il ne peut évidemment être fait qu'en présence du monument ou de sa représentation exacte.

« Malheureusement nous ne sommes pas sur les lieux pour

nous livrer à une vérification. Toutefois, si la Société veut bien le permettre, d'ici à quelque temps je crois pouvoir lui fournir de sérieux éléments de conviction.

« Quant à présent, je me borne à dire que je n'accepte pas la lecture proposée par M. le général Creuly et que je la crois *absolument inadmissible,* sauf plus ample examen. »

Travaux.

M. Chabouillet donne une seconde lecture de sa notice *sur un ducat d'or inédit de Borso, marquis d'Este, seigneur, puis duc de Ferrare.* Ce mémoire est renvoyé à la Commission des impressions.

M. Damours lit un rapport sur le résultat de fouilles faites par lui dans la forêt de Fontainebleau, qui lui ont révélé des substructions gallo-romaines. Le Président invite M. Damours à rédiger une note détaillée et à y joindre les plans et dessins pour le tout être inséré dans les publications de la Société.

M. P. Nicard, au nom de M. Keller, associé-correspondant étranger, présente une série de dessins représentant des instruments de l'âge de la pierre transmis dans les stations lacustres de la Suisse orientale. Ces dessins sont accompagnés d'un mémoire dont la Société décide qu'on entendra une seconde lecture.

M. Quicherat fait part à la Société d'une inscription antique trouvée récemment à Avenches, en Suisse, et qu'il a copiée au musée de cette ville. La voici :

IL·C·FFAB·CᴀMɪʟ
ᴀC·AVG·MAC
ᴀIL·LEG·IIII·MACᴇD
ᴀ·PVR·ET·COR·AVR
O·AT·CLAVD·CAES
CVM·ABEOEVᴏCᴀTVS
NNIA·MILITASSET·IVL
IILLI·FIL·FESTILLA
EX·TESTAMEN

Ce texte ne diffère que par l'indication finale d'une autre inscription toute pareille qui est au château du Villars, près Morat, et qui est rapportée sous le n° 179 du recueil de M. Mommsen (*Inscriptiones confédérationis Helvetiæ*). L'inscription publiée contient que le monument qu'elle accompagnait avait été élevé à Julius Camillus aux frais de la colonie d'Avenches, tandis qu'il s'agit ici d'un monument élevé par disposition testamentaire de la fille même de Camillus. Voici d'ailleurs l'inscription du Villars, qui complète la nôtre en plusieurs endroits.

c·IVL·C·FFAB·CAMILLo | sAC·AVG·MAG·TRIB·MIL | lEG·IIII·MACED·HASTA·PVRA | e T CORONA· AVREA DONATO | aTI·CLAVDIO CAESARE AVG | itER· CVM· AB· EO· EVOCATVS | iN BRITANNIA· MILITASSET | cOL· PIA· FLAVIA· CONSTANS | EMERITA·HELVETIOR· | EX D·D

La Julia Festilla, dont le nom remplace celui de la colonie dans la nouvelle inscription, figure sur les deux autres monuments du recueil de M. Mommsen : le n° 192 où on la voit s'acquittant d'un hommage envers la mémoire de C. Valérius Camillus, probablement son oncle, et le n° 143 qui constate au contraire un hommage qu'elle reçut, comme prêtresse flamine, des *vicani* d'Yverdun.

M. Quicherat ajoute qu'un fragment du même musée d'Avenches, gravé en lettres de 20 centimètres de haut, que M. Mommsen a imprimé d'après une copie de feu M. Troyon (n° 208), ne peut pas se lire autrement que

BER

RAT

VA

ce qui introduit une correction dans le texte imprimé, la troisième ligne de celui-ci étant IVA.

M. Quicherat termine par une communication d'un genre tout différent. Il s'agit d'une lettre écrite par le conventionnel Romme, et qui est de nature peut-être à éclaircir la provenance de certains médaillons du Cabinet des Médailles.

Cette pièce a été imprimée dans l'*Indicateur de la Vendée* du 14 novembre 1872, d'après l'autographe qui fait partie de la collection de notre correspondant, M. Benjamin Fillon :

« Paris, le 25 août 1793, l'an II⁰ de la République française.

« Citoyen,

« Parmi le grand nombre de médailles et œuvres d'art que rapporta, il y a quelques années, d'Italie le citoyen Lebrun, il se trouve une certaine quantité de médaillons, tant en argent qu'en bronze, de personnages de tous rangs du xv⁰ siècle et du suivant, la plupart très-beaux, tant par l'art qu'on y a mis que par la conservation. Ces médailles vont être vendues de gré à gré. J'ai obtenu du citoyen Lebrun qu'il donne la préférence au Musée placé sous notre garde, à la condition qu'on lui laisse les doubles des pièces qu'on a par avance. Les deux médaillons que je vous envoie par le porteur : l'un d'un Gonzague par Pisanus, l'autre du Trissin, en argent, vous donneront un échantillon de la qualité des quarante-sept autres.

« Il serait intéressant que le Musée national, qui n'est pas bien pourvu en objets de ce genre, fît cette acquisition qui lui sera peu onéreuse, le prix des quarante-neuf médaillons n'étant fixé qu'à six cents livres.

G. Romme.

« Au citoyen Garde du Cabinet des médailles. »

Séance du 18 décembre.

Présidence de M. Boutaric, président.

Correspondance.

M. Jules Beaudouin, nommé associé correspondant à Châtillon-sur-Seine, adresse ses remerciements à la Compagnie, à l'occasion de son élection.

M. Ceccaldi offre quatre brochures dont il est l'auteur, et exprime le désir d'être admis au nombre des associés correspondants de la Compagnie. Ses présentateurs sont MM.

A. de Barthélemy et le général Creuly ; le Président désigne
MM. Bertrand, Michelant et Brunet de Presle, pour former
la commission chargée de faire un rapport sur les titres du
candidat.

Travaux.

M. P. Nicard fait connaître que l'inscription du musée
d'Avenches, signalée par M. Quicherat dans une séance précédente, a été publiée dans l'*Indicateur d'antiquités suisses,
Zurich, 1870, p. 156.*

M. V. Guérin continue le récit de sa dernière exploration archéologique en Palestine. Il parle de la visite faite
par lui aux monastères les moins accessibles de cette région,
dont les noms sont exclusivement arabes, excepté celui qui
porte le nom de *Siméon,* parce qu'il était placé sous l'invo-
cation de saint Siméon Stylite dont le culte était très-
répandu en Orient. M. Guérin signale dans ces monastères
trois faits principaux qui leur sont communs : 1° la présence d'anciens murs de soutènement d'appareil régulier,
le plus souvent à bossage, supportant de vastes terrasses ;
2° des plates - formes supérieures pavées en mosaiques ;
3° d'immenses bassins destinés à recevoir les eaux de la
montagne pour l'arrosage, tandis que l'eau potable était
conservée dans des citernes ; 4° des enceintes fortifiées
flanquées de tours carrées ; 5° des ruines d'églises, ou de
chapelles, exactement orientées, présentant des débris d'architecture byzantine, et sur le linteau des portes, une
croix sculptée à branches égales, d'après un type très
anciennement usité en Orient, avec la figure symbolique du
triangle représentant la Trinité. — Dans une de ces églises,
celle de St-Siméon Stylite, M. Guérin a reconnu quelques
constructions de l'époque des croisades, où l'ogive se montre ;
mais c'est un fait isolé, et l'origine des monuments dont
il a constaté les ruines remonte au iv° et au v° siècle de
l'ère chrétienne, c'est-à-dire au début même de la période
byzantine.

M. Quicherat communique à la Société de la part de
M. Castan, associé correspondant, un fragment d'inscription

qui se lit sur une pierre trouvée récemment en faisant une fouille à Besançon, dans la rue Saint-Paul. Il n'y a rien à tirer de ce lambeau de texte ; mais l'expérience a prouvé qu'en matière d'épigraphie les choses les plus insignifiantes peuvent devenir utiles à un moment donné. Voici le fragment tel qu'il est tracé sur un moellon, provenant du débit d'une pierre calcaire très-compacte et très-épaisse.

TRAB
ᴰOMPEI

M. Sansas, associé correspondant, fait une communication sur les signatures en écriture arabe de trois rois d'Aragon, au xıᵉ et au xııᵉ siècles, qui se trouvent dans les cartulaires de la Sauve, appartenant à la Bibliothèque de Bordeaux. La Société décide que M. Sansas sera prié de rédiger une note qui prendra place dans un des prochains numéros du Bulletin.

M. de Montaiglon fait remarquer que sur les tableaux de Mantegna conservés au Louvre, on voit des inscriptions ressemblant à de l'écriture arabe. Il a particulièrement examiné le tableau représentant la Victoire triomphant du Vice, et y a constaté l'existence d'une inscription pseudo-arabe renfermant une strophe d'Horace en caractères de fantaisie. La Société est d'avis que M. de Montaiglon rédige à ce sujet une note pour le Bulletin.

TABLE DES MATIÈRES

AVIS AU RELIEUR

pour le placement des planches du Bulletin.

Pl. 1. (Inscriptions antiques des vases du Mont Beuvray, etc), en regard de la page 76.

Pl. 2. (Objets trouvés dans l'arrondissement de Lille), en regard de la page 95.

ERRATA DU BULLETIN.

Page 91, ligne 23, *au lieu de* CATVSIALIS, *lisez* CATUS-VALIS, le V et l'A sont liés.

Page 101, ligne 5. C'est par erreur que l'on a reproduit cette inscription sous cette forme. Les lettres T. L. NAVI faisaient partie d'une autre inscription, étrangère au culte des *Proxumes*, trouvée en même temps que celle qui ne porte que

PROXS
VMIS
TIIRTV

elles furent toutes deux signalées ensemble à Bimard de la Bâtie en 1736 par le marquis de Caumont.

Nogent-le-Rotrou, imprimerie de A. Gouverneur.

SARCOPHAGE TROUVÉ À SALONE

SARCOPHAGE TROUVÉ À SALONE